空天飞行器系列丛书

通往太空的跑道
——航天港产业导论

An Introduction to the Spaceport Industry
Runways to Space

［美］珍尼特·K. 蒂诺科（Janet K. Tinoco）　［美］余春燕（Chunyan Yu）
［美］黛安·霍华德（Diane Howard）　［美］露丝·E. 史迪威（Ruth E. Stilwell）　著
佘文学　郭　健　周　宁　王永圣　译

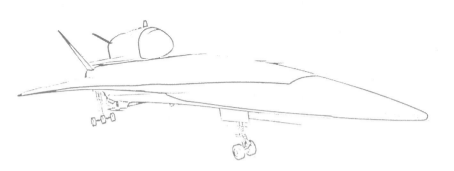

北京理工大学出版社
BEIJING INSTITUTE OF TECHNOLOGY PRESS

版权专有　侵权必究

图书在版编目(CIP)数据

通往太空的跑道：航天港产业导论／(美)珍尼特·K.蒂诺科等著；佘文学,郭健,周宁,王永圣译.--北京：北京理工大学出版社,2022.1

书名原文：An Introduction to the Spaceport Industry：Runways to Space

ISBN 978-7-5763-0871-6

Ⅰ.①通… Ⅱ.①珍…②佘… Ⅲ.①航天站-航天工业-研究-美国 Ⅳ.①F471.265

中国版本图书馆 CIP 数据核字(2022)第029450号

北京市版权局著作权合同登记号 图字：01-2021-6614

An Introduction to the Spaceport Industry: Runways to Space, 1st edition
By Janet K. Tinoco, Chunyan Yu, Diane Howard, Ruth E. Stilwell / 987-0-8513-4887-0
Copyright © 2020 by Routledge
Authorized translation from English language edition published by Routledge, an imprint of Taylor & Francis Group
All Rights Reserved.
Beijing Institute of Technology Press Co. Ltd. is authorized to publish and distribute exclusively the Chinese (Simplified Characters) language edition. This edition is authorized for sale throughout Mainland of China. No part of the publication may be reproduced or distributed by any means, or stored in a database or retrieval system, without the prior written permission of the publisher.
Copies of this book sold without a Taylor & Francis sticker on the cover are unauthorized and illegal.

出版发行 /	北京理工大学出版社有限责任公司
社　　址 /	北京市海淀区中关村南大街5号
邮　　编 /	100081
电　　话 /	(010)68914775(总编室)
	(010)82562903(教材售后服务热线)
	(010)68944723(其他图书服务热线)
网　　址 /	http：//www.bitpress.com.cn
经　　销 /	全国各地新华书店
印　　刷 /	保定市中画美凯印刷有限公司
开　　本 /	710毫米×1000毫米　1/16
印　　张 /	14
字　　数 /	237千字
版　　次 /	2022年1月第1版　2022年1月第1次印刷
定　　价 /	86.00元

责任编辑 / 徐　宁
文案编辑 / 杜　枝
责任校对 / 刘亚男
责任印制 / 李志强

图书出现印装质量问题，请拨打售后服务热线，本社负责调换

航天港产业导论

本书从相关技术驱动因素、政策和法律，以及空域使用带来的影响和航空利益相关者的角度出发，介绍了当代航天港的情况。本书将探讨需要考虑的经济、商业、金融和环境因素，航空港在向航空航天港转型时所面临的问题，以及航天港规划。

本书通过对案例与事件的调查、研究和分析，并结合凭借专业经验所获取的信息，概述了商业航天港和航天港运营商可获得的诸多利益以及面临的独特挑战与问题。各章均为独立的专题，读者可阅读与自身相关的、最感兴趣的章节，亦可从全面的角度将本书作为整体来阅读。虽然本书主要研究美国的事例和案例，但读者可以从中得出普遍适用的结论，不受国家和形势的影响。此外，本书还探讨了其他民族国家政策和进步的相关内容，以全球视角，让本书进一步贴近国内外读者，并为其带来更多的收获。

《通往太空的跑道——航天港产业导论》一书填补了该领域文献方面的空白，有助于专业人士、政府官员、研究人员、教授和学生更深入地了解快速发展的商业航天港产业。

珍尼特·K. 蒂诺科博士，系统工程师，安博瑞德航空航天大学戴维·B. 奥马里商学院（David B. O'Maley College of Business）管理与营销学教授［地址：美国佛罗里达州代托纳比奇（Daytona Beach）］。

余春燕博士，安博瑞德航空航天大学戴维·B. 奥马里商学院航空运输管理学教授。

黛安·霍华德博士，得克萨斯大学奥斯汀分校施特劳斯国际与安全研究中心访问学者，法学院客座教授。

露丝·E. 史迪威博士，现为乔治·华盛顿大学太空政策研究所访问学者。她还担任 Aerospace Policy Solutions 有限责任公司执行董事，以及美国佛蒙特州诺里奇大学客座教授。

目 录

第1章 航天港——定义、历史及政策 ··· 1
1.1 航天港的定义 ··· 1
1.2 历史与政策：航空港与航天港 ·· 3
1.3 我们将去向何方？ ·· 7
参考文献 ·· 8

第2章 商业太空活动与民用空域 ·· 12
2.1 空域、任务和空中交通管制 ··· 14
2.2 利益相关者及其角色 ·· 17
 2.2.1 监管机构 ·· 18
 2.2.2 空中导航服务提供商 ··· 18
 2.2.3 军事指挥部 ·· 19
 2.2.4 太空发射运营商 ·· 20
 2.2.5 其他空域使用方 ·· 20
2.3 将商业太空活动整合到民用空域 ······································· 20
 2.3.1 垂直发射和返回（各种类型） ·································· 21
 2.3.2 水平发射或返回 ·· 21
 2.3.3 空中发射 ··· 23
2.4 发射频率 ·· 25
2.5 航天港选址期间的空域考虑 ··· 25
2.6 未来展望 ·· 25
参考文献 ·· 26

第3章 运载火箭、推进系统和有效载荷——航天港基础设施的基础 ······ 28
3.1 可重复使用运载火箭 ·· 30
 3.1.1 亚轨道可重复使用运载火箭 ···································· 31
 3.1.2 轨道可重复使用运载火箭 ······································· 40
3.2 一次性运载火箭 ·· 43
3.3 推进系统和推进剂 ··· 53

3.3.1　液体火箭发动机、固体火箭发动机和推进剂 …………… 54
　　　3.3.2　常见推进剂、燃料和氧化剂 …………………………… 55
　　　3.3.3　各国使用的推进剂 ……………………………………… 59
　　　3.3.4　推进剂的发展 …………………………………………… 62
　3.4　有效载荷 ………………………………………………………… 62
　参考文献 ……………………………………………………………… 66

第4章　航天港基础设施和运行 ……………………………………… 72
　4.1　航天港的关键要素 ……………………………………………… 72
　4.2　美国航天飞机：案例研究 ……………………………………… 74
　　　4.2.1　美国航天飞机的政府职责和主要承包商 ……………… 76
　　　4.2.2　美国航天飞机处理、物流和仓储 ……………………… 79
　　　4.2.3　美国航天飞机集成厂房 ………………………………… 81
　　　4.2.4　美国航天飞机发射综合体 ……………………………… 83
　　　4.2.5　美国航天飞机发射和任务控制中心 …………………… 87
　　　4.2.6　美国航天飞机发射后的操作和回收 …………………… 88
　　　4.2.7　美国航天飞机周转时间和发射频率 …………………… 91
　4.3　航空航天港：基础设施和运行要求 …………………………… 95
　　　4.3.1　有效载荷处理与储存 …………………………………… 98
　　　4.3.2　推进剂和氧化剂的储存与处理 ………………………… 100
　　　4.3.3　推进剂装载和飞行前作业 ……………………………… 102
　　　4.3.4　跑道、发射台和着陆台 ………………………………… 102
　　　4.3.5　空中交通管制、发射管制和空域考虑因素 …………… 103
　　　4.3.6　环境考虑事项 …………………………………………… 106
　　　4.3.7　老化的基础设施和其他考虑因素 ……………………… 107
　参考文献 ……………………………………………………………… 108

第5章　航天港业务和财务管理 ……………………………………… 112
　5.1　客户和承租商 …………………………………………………… 113
　　　5.1.1　主要商业客户 …………………………………………… 113
　　　5.1.2　政府客户 ………………………………………………… 117
　　　5.1.3　商业和商业伙伴 ………………………………………… 118
　5.2　商业模式 ………………………………………………………… 119
　　　5.2.1　成为商业航天港 ………………………………………… 119
　　　5.2.2　商业航天港的运营 ……………………………………… 142

  5.2.3 航空港的经验教训 ……………………………………………… 145
 5.3 资金和财务激励 …………………………………………………………… 148
 5.4 公私合作和公公合作 ……………………………………………………… 150
 参考文献 ……………………………………………………………………… 159

第6章 航天港对经济、航空、社区和环境的影响 …………………………… 166
 6.1 经济影响 …………………………………………………………………… 166
 6.2 挑战与问题 ………………………………………………………………… 169
  6.2.1 对商业航空的影响 ……………………………………………… 169
  6.2.2 对当地社区的影响 ……………………………………………… 172
  6.2.3 环境影响 ………………………………………………………… 174
  6.2.4 发射和着陆异常案例 …………………………………………… 175
 参考文献 ……………………………………………………………………… 181

第7章 航天港许可和规划 …………………………………………………… 186
 7.1 航天港法律的来源 ………………………………………………………… 186
 7.2 不同国家的航天港法律法规 ……………………………………………… 187
 7.3 美国的航天港许可 ………………………………………………………… 192
 7.4 航天港总体规划 …………………………………………………………… 195
 参考文献 ……………………………………………………………………… 198

第8章 商业航天港的未来 …………………………………………………… 201
 8.1 全球经济预测和太空活动 ………………………………………………… 201
 8.2 商业航天港：拟建和开发中的航天港 …………………………………… 203
 8.3 技术是持续驱动力 ………………………………………………………… 205
 8.4 未来的航天港 ……………………………………………………………… 206
 参考文献 ……………………………………………………………………… 208

致　　谢

本书的编写离不开家人、朋友和同事的无尽鼓励、支持与热情，在此向他们致以诚挚的谢意。

我们还要特别感谢下列人士为本书所付出的努力：

马克西米利安·梅恩滕斯（Maximilian Meintgens）先生是安博瑞德航空航天大学戴维·B. 奥马里商学院工商管理硕士（MBA）研究生研究助理。他认为有必要编写一本全面的入门参考书，为业内和政府众多专业人士开展工作提供支持，并为全球各地的学生和太空爱好者了解前景广阔的航天港产业开启一扇大门。

加布里埃拉·加利亚尔迪（Gabriella Gagliardi）女士和开利·凯利（Kalee M. Kelly）女士是该商学院的本科生，为照片研究、数据收集与分析提供了协助。

我们还要感谢下列机构在本书撰写过程中给予的支持：

安博瑞德航空航天大学为本项研究提供了经费，让珍尼特·K. 蒂诺科和余春燕能有机会涉足商业航天港这一令人振奋的新研究领域。

国际英文学术期刊出版社（Inderscience Publishers）和德国航空航天中心（DLR）分别向我们授予了已出版作品和照片的使用权限。此外，美国国家航空航天局（NASA）为我们的照片检索工作提供了协助，并向我们授予了资料使用权限，我们对此深表感谢。各位愿意慷慨提供协助与分享信息，对我们而言甚为宝贵。

最后，感谢泰勒弗朗西斯集团劳特里奇出版社相信本书的价值所在，并在推进本书出版的过程中保持充分的耐心。

首字母缩略词

AAC	阿拉斯加航空航天公司	CCAFS	卡纳维拉尔角空军基地
AADC	阿拉斯加航空航天发展公司	CCMS	校验、控制和监控子系统
		CCS	卡纳维拉尔角航天港
AATF	航空港与航路信托基金	CCSI	加利福尼亚商业航天发射场公司
AC	咨询通告		
ACT	国际航空港协会	CDS	中央数据子系统
AFB	空军基地	CFR	美国联邦法规
AIP	航空港改进计划	CGWIC	中国长城工业集团有限公司
ALP	航空港平面图		
ALPA	民航飞行员协会	CLPS	商业月球有效载荷服务
ALTRV	高度预留	CNSA	中国国家航天局
ANSP	空中导航服务提供商	COPUOS	和平利用外层空间委员会
AOPA	飞机业主和飞行员协会	CRS	商业再补给服务
APU	辅助动力装置	CT	履带式运输车
AR	增强现实	DB	设计—建设
ARFF	飞机救援与消防	DBO	设计—建设—运营
ARTCC	空中交通管制中心	DBOM	设计—建设—运营—维护
AST	商业太空运输办公室	DLR	德国航空航天中心
ATC	空中交通管制	DOD	美国国防部（也称DoD）
ATLAS	应用与科学大气实验室	DOP	潜水员操作插头
ATO	空中交通组织	DOT	美国运输部
BOOT	建设—拥有—经营—转让	EASA	欧洲航空安全局
BOT	建设—经营—转让	EC	欧盟委员会
C3PF	商业乘员和货物处理设施	ELV	一次性运载火箭
CALT	中国运载火箭技术研究院	EMI	电磁干扰
CASC	中国航天科技集团有限公司	ESA	欧洲空间局
		EU	欧盟
CASIC	中国航天科工集团有限公司	FAA	联邦航空管理局
		FAR	联邦航空法规

FBO	固定基地运营商	KLC	科迪亚克发射场
FCR	飞行控制中心	KSC	肯尼迪航天中心（NASA）
FDOT	佛罗里达州运输部	LADEE	月球大气与粉尘环境探测器
FOM	投资、拥有或运营及维护	LaRC NASA	兰利研究中心
FSI	飞安国际公司	LC	发射综合体
FSS	固定勤务塔	LCC	发射控制中心
GA	通用航空	LEO	近地轨道
HAZMAT	危险物品	LEP	当地企业合作伙伴
HIE	高地群岛企业	LH2	液态氢
HIF	水平综合装配厂	LLF	发射和着陆设施
HL	水平着陆	LMCLS	洛克希德·马丁商业发射服务公司
HMCF	自燃燃料维修检测厂房		
HTO	水平起飞	LNG	液化天然气
HTOL	水平起飞与着陆	LoA	协议书
HTPB	端羟基聚丁二烯	LOX	液态氧
HVAC	暖通与制冷	LPS	发射处理系统
IAI	以色列航空工业公司	LSOL	发射场运营人许可证
ICAO	国际民航组织	LV	运载火箭
ICC	州际商务委员会	MAF	米丘德装配厂
ICF	集成与控制设施	MARS	中大西洋区航天港
IDF	以色列国防军	MCC	任务控制中心
IDIQ	不确定数量	MCLF	中型发射设施
IEV	过渡试验飞行器	MDC	米德兰开发公司
IFR	仪表飞行规则	MDD	结合/分离装置
ILS	国际发射服务公司	MHI	三菱重工业股份有限公司
IPO	首次公开募股	MLP	移动发射平台
ISO	国际标准化组织	MMH	一甲基肼
ISRO	印度空间研究组织	MOA	军事行动区
ISS	国际空间站	MOL	载人轨道实验室
ITAR	国际武器贸易条例	MOU	谅解备忘录
JAA	杰克逊维尔航空管理局	MPH	英里[①]/小时
JAWSAT	美国空军学院和韦伯州立大学共同研制的卫星	NACA	国家航空咨询委员会
		NAP	国家航空港计划
JAXA	日本宇宙航空研究开发机构	NAS	国家空域系统
JUA	联合使用协议	NASA	美国国家航空航天局

NASP	国家航空港系统计划	RSS	旋转勤务塔
NMSA	新墨西哥州航天港管理局	SARP	标准和推荐做法
NOTAM	飞航公告	SAST	上海航天技术研究院
NPIAS	国家综合航空港系统计划	SCAA	瑞典民航局
NRO	美国国家侦查局	SCLF	小型发射设施
NTSB	国家运输安全委员会	SFA	佛罗里达州航天港管理局
O&C	操作及检测	SIS	战略多式联运系统
OMRF	轨道飞行器改装和整修厂房	SLC	航天发射综合体
		SLF	航天飞机着陆设施
OPF	轨道飞行器处理厂房	SLS	太空发射系统
ORV	轨道可重复使用飞行器	SLSL	太空生命科学实验室
OSIDA	俄克拉荷马州航天工业发展局	SLV	亚轨道运载火箭
		SNC	内华达山脉公司
PBAN	聚丁二烯丙烯腈	SRB	固体火箭助推器
PCC	处理控制中心	SRV	亚轨道可重复使用飞行器
PMMA	聚甲基丙烯酸甲酯	SSC	瑞典太空公司
PPP	公—私合作	SSI	国际航天发射场公司
PSCA	阿拉斯加太平洋航天港综合体	SUA	特殊用途空域
		TAAM	全空域及航空港建模工具
PSLV	极轨卫星运载火箭	TERLS	顿巴赤道火箭发射站
PuP	公—公合作	TFR	临时飞行限制
QRA	定量风险评估	U. A. E.	阿拉伯联合酋长国
R&D	研发	UAS	无人机系统、无人驾驶航空系统或无人航空航天系统
RFNA	红色发烟硝酸		
RFP	投标邀请		
RIMS	区域投入/产出模型系统	UAV	无人驾驶飞行器
RLV	可重复使用运载火箭	UDMH	偏二甲肼
RNP	所需导航性能	U. K.	英国
ROI	投资回报率	ULA	联合发射联盟
Roscosmos	俄罗斯联邦航天局	UN	联合国
RP	火箭推进剂	UN OOSA	联合国外层空间事务厅
RP–1	火箭级煤油	U. S.	美国
RPS	记录和回放子系统	USAF	美国空军
RPSF	旋转、处理与缓冲厂房	USC	美国法典
RSAT	靶场安全评估工具	U. S. S. R.	苏维埃社会主义共和国

	联盟	VR	虚拟现实
VAB	航天器装配大楼	VTO	垂直起飞
VCSFA	弗吉尼亚州商业太空飞行管理局	VTOL	垂直起降
		WCSC	西部商业航天中心
VFR	目视飞行规则	WFF	瓦罗普斯飞行研究所
VL	垂直降落	WFNA	白色发烟硝酸

注释

① 1 英里 = 1 609 米。

第 1 章 航天港
——定义、历史及政策

美国前参议员老艾伯特·戈尔（Gore Sr.）曾说："外层空间不是新学科，只是出现了老学科的新地方。（Hughwey，1963，第150页）"在一定程度上，这种说法也适用于航天港——太空运输中位于静止地面的组成部分。那么，究竟什么是航天港？它只是将热爱冒险的灵魂送入未知世界的未来派建筑吗？它只是远离人口密集地区，以防在发射失败时对人群造成影响的房子吗？它会不会就像星空下的停车场那么简单？

要回答这些问题，就要从未来主义愿景出发。在实现该愿景的旅程中，充满着富有挑战性的目标，而实现目标的前提是，所有人的安全都能得到保障；同时，还要未雨绸缪，为迎接成功做好准备。当然，失败在所难免，也需坦然面对。历史发挥了一定作用。随着本书的内容不断展开，读者就会发现，虽然我们以史为鉴，但也根据航天港成功并持续运行所需的独特空间环境和生态系统，作出了改进和调整。

首先，本章以美国过去和现在的政策为基础，深入探讨了航天港的定义和历史，以及太空的相关立法。正如读者所见，航天港与早期航空之间的联系、航空港的诞生、航空港的监管以及飞行商业化都与本书的主题密切相关，因此，它们将作为本书引入"通往太空的跑道"这一主题的完美开篇。

1.1 航天港的定义

航天港的定义变化不定，主要原因在于，随着航天技术向前发展，飞行剖面不断变化，发射要求也在日益更迭。例如，运载火箭能够再入，其部件也能重复使用，这种能力一直都被奉为降低航天成本、使航天不再遥不可及的"圣杯"。另外，空中发射次数也日益增多。在这些技术发展的支撑下，美国、英国和澳大利亚等国正在重新调整发射和发射场法规。

目前，美国法规将发射场定义为"地球上进行发射的地点……及位于该地点的必要设施"（《美国联邦法规》第14编第405.1节）。在美国，发射场和再入场需分别获得许可,而它们往往都位于同一地点。然而,法律上的定义有所欠缺。《韦氏大词典》(2019)对这一定义稍有扩大,涵盖了在航天港进行的试验和发射。尽管如此,航天港也并非只有路面板或跑道而已,它还有大量其他的设施,除了作为试验和实际发射场所之外,它还要开展各项活动。航天港是整个航天生态系统的一部分。

20 世纪 40 年代,发射场和航天港诞生于美国,当时联邦政府开始建造和运营发射场,到现在已经有一段时间了(United States Federal Aviation Administration,2011)。事实上,早在 1930 年,由迈尔斯·布劳尔(M. Breurer)和杰克·威廉森(J. Williamson)合著的科幻小说《新共和国的诞生》(*The Birth of a New Republic*)(航天港,technovelgy.com)中,就提出了"航天港"一词,这是该词首次在文学作品中出现。

在过去几年中,现有设施改造、新设施选址与增建活动已在世界各地如火如荼地开展起来。航天港的格局正在经历巨变,从仅限美国国防部(DoD)和美国国家航空航天局(NASA)使用的联邦设施,转变为公私合作模式(如 Adams 和 Petrov,2006)、两州合作模式(参阅 Virginia Commercial Space Flight Authority,2012),甚至彻底的私有化模式(David,2006;Foust,2010;Sprague,2010)。20 世纪 50 年代初,库尔特·德布斯(Kurt Debus)博士率先着手建立了一座联邦发射场——卡纳维拉尔角空军基地(CCAFS)(Heiney,2002)。不过,航天港的用途与运作一直都在演变,卡纳维拉尔角空军基地及其附近的 NASA 肯尼迪航天中心(KSC)便是展现这一更迭过程的典范。根据《肯尼迪航天中心总体规划》(NASA,2017),该发射场可以按照发射服务提供商(包括纯商业运营商和私营部门运营商)不断变化的人口统计资料和要求持续做出调整。

尽管存在这样的转变,并且大众对航天港的认知度和关注度都在不断提升,但从文字统计数据来看,航天港出现的频率仍相对较低。截至本书撰写时,航天港的在线词条搜索量排在倒数 20% 的位置(航天港统计数据——2019 年谷歌书籍词频统计器;Merriam-Webster Dictionary,2019)。图 1.1 为"航天港"(spaceport)和"太空发射场"(space port)两个术语的使用频率增长图。纵轴是两个术语占扫描词语总量的点击百分比。读者要注意的是,这个分析是用谷歌书籍词频统计器在大量书籍中搜索这两个术语来完成的,其中并未包含截至 2008 年的所有文学作品和使用数据。无论如何,这两个术语的出现频率都相当低。

自 1996 年以来,美国商业太空运输办公室(AST)已向 12 座非联邦发射

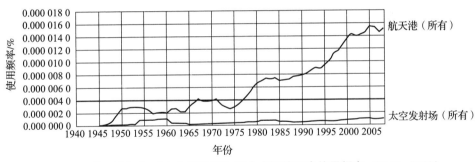

图 1.1 "航天港"和"太空发射场"两个术语的历史使用频率（1940—2008）

资料来源：谷歌书籍词频统计器（访问日期：2019 年 8 月 15 日）

场授予许可证，它们的服务对象既有商业发射运营商，也有政府发射运营商。这 12 座发射场分别为：莫哈韦航空航天港、美国航天港、卡纳维拉尔角航天港（位于卡纳维拉尔角空军基地和肯尼迪航天中心）、阿拉斯加太平洋航天港综合体、瓦罗普斯飞行研究所的中大西洋区航天港（MARS）、范登堡空军基地（AFB）的加利福尼亚航天港、位于伯恩斯平的俄克拉荷马州航天港、位于艾灵顿的休斯敦航天港、米德兰国际航空航天港，以及塞西尔航天港（有效发射场运营商许可证，United States Federal Aviation Administration，2019）。米德兰国际航空航天港坐落于得克萨斯州米德兰，是获准成为航天港的首个服务于商业航空公司的认证航空港（《美国联邦法规》第 14 编第 139 章）。获得许可的 3 座航天港为加利福尼亚航天港、卡纳维拉尔角航天港和中大西洋区航天港，它们与联邦航天港设施均位于同一地点。

从全球分布来看，联邦和跨国航天港位于澳大利亚（伍麦拉试验场）、巴西、中国、法属圭亚那、印度、伊朗、以色列、日本、哈萨克斯坦、朝鲜、太平洋［海上发射公司（Sea Launch）］、俄罗斯、韩国和瑞典，当然还有美国（Space Foundation，2017）。目前，阿联酋、加拿大、意大利和英国等国正准备提议建设至少具备一定发射能力的航天港（Space Foundation，2017）。计划修建航天港的国家越来越多。然而，其实此时此刻，几乎任何一家拥有航空港的实体都能将其设施以航天港的名义对外营销。随着读者阅读本书，尤其读到第 5 章，就会愈发明白这一点。在第 5 章中，我们讨论了商业航天港的常见经营模式。

1.2 历史与政策：航空港与航天港

目前，全球各地的政府都在讨论着航天港许可授权和监管的问题，而这些地区甚至都还没有建立属于自己的航天港，这一点颇为有趣。不仅如此，大多数政府并不对航天港实施直接监管，更不用说它们会明确制定出美国那样的政策目标了。研究一下运输法、多式联运和美国早期航空港相关法律的一些首要目标，就能深入了解美国政策中的部分高层次目标。美国航空港的早期建设和融资史可能会对当前处于使用和开发中的航天港起到警示作用。航空港和航天港一样，都位于地面，但航空港的必要运营设施是为飞行、降落和导航而提供的。早期，有位作者曾说过，"公共航空港是公共航线沿途导航设施的一部分"（Blaine，1954，第270页）。同样，航天港是发射与再入（有时）的地面组成部分，预计它们也将参与飞行器导航。

一些投机者和投资者想要利用林德伯格（Lindbergh）早期在航空领域的成就所带来的轰动效应，于是开发出了美国早期的航空港（Blaine，1954）。这些航空港都是一次性建成的，修建时全无章法，显然，除了投机买卖之外，其余事情就全然不顾了，当然也就不会有缜密的总体规划所带来的好处。根据早期制定的法律，航空港不受美国联邦监管体系的管辖。除了由美国邮政局局长管辖的航线、紧急降落场和导航设施之外，控制权均交给当地政府，航空港本身则被明确排除在外。

尽管如此，在20世纪30年代中期，为控制大规模失业，政府经常将联邦资金用于建设和完善航空港[①]。在建设这些航空港时，人们并未考虑航空运输业当前或未来的需求。建成的这些航空港通常只能适应一种飞机的需求，因此会被迅速淘汰[②]。最终，美国《1938年民用航空法》（《美国法令全书》编号52 Stat. 973）第302条（a）"但书"（United States Congress，1938）扩大了联邦法律的管辖范围，增加了以下内容："任何市政所有着陆区或经联邦航空管理局局长批准的可用于安装、运营或维护的其他着陆区所在地或建于其上的空中导航设施"。该法还指示联邦航空管理局局长对现有的航空港系统进行调查，并就国家航空港系统的建设、完善、发展、运营和维护向国会提出建议。最终，调查报告得出结论，应当将联邦资金用于开发合乎需要的航空港系统，并且应优先考虑对维持安全和高效空中运输至关重要的项目，但这些项目必须符合具体要求。这些结论有助于阐明针对美国航空港制定的早期监管政策。该报告建议采取《国家航空港计划》（NAP）（Blaine，1954），该计划在第二次世界大战期间被搁置了。

二战结束后，此计划再次成为联邦航空管理局局长关注的焦点。《1946年联邦航空港法》首次要求制定五年《国家航空港计划》，并每年予以修订。这项规定逐年变化，但仍在持续执行。首先，《国家航空港计划》及其拨款被

《1970年航空港和航路发展法》取代，该法要求，制定出经协调后的《国家航空港系统计划》（NASP）以及援助计划。后续的法律修改了这项针对持续系统性计划的联邦要求，该计划现称为《国家综合航空港系统计划》（NPIAS）。上述要求见《美国法典》第49编第471章，其中提出了一系列推动美国航空港立法的政策。

安全运行是其中的重中之重。政策着重强调了响应式发展，将周边社区的需求纳入考虑范围。《美国法典》第49编第47101节（a）（5）规定，美国的政策是"鼓励在航空运输与其他运输方式及系统之间建立以航空港属性为节点的多式联运关系，从而高效且有效地提供航空客运和货运服务，并促进经济发展"。这一说法相当于认为，航空港隶属于一个范畴更大的系统，并非仅仅是航空港系统的一部分，而是与其他形式融为一体的系统。在《美国国家太空运输政策》所谈到的能力体系中，已对这一定位作出暗示。

在该法典的（b）部分中，对整合的监管目标进一步扩大。该部分指出，建立与其他互补运输方式相协调的国家多式联运系统是一项明确的目标，使美国能够参与全球市场竞争。《美国国家太空运输政策》在论述太空准入时使用了"空间区域"一词，其中隐含了"多式联运"的概念［参见《美国法典》第49编第47101节（2）］。此外，如果不能实现该目标，则美国的世界经济领导地位将岌岌可危，因此，对现有的航空港基础设施进行全面改造势在必行。"要开发出能利用美国资源实现最佳收益的一体化系统，首要问题便是多式联运和灵活性"［参见《美国法典》第49编第47101节（b）（6）］。为了同这一优先顺序保持一致，当前，美国联邦航空管理局（FAA）正在将国家空域系统（NAS）纳入即将实施的太空运输协调和管理的范围内（Murray，2014）。

在《美国国家太空运输政策》（2013）中，改造美国基础设施属于强制性条款，以让美国能够参与全球经济竞争。条款中的基础设施指的是航空港，而不是航天港，但它们考虑了几个相关问题：

第一，运输为多式联运；第二，为了与全球经济接轨，航空港系统必须改造以实现整合。

最近，美国国会（2018）认识到航天港在这一宏大运输计划中的重要性，因此在美国联邦航空管理局内设立了政策办公室——航天港办公室，用于制定航天港政策。该办公室的职能包括：为发射场/再入场的运营许可活动提供支持、制定促进基础设施完善的政策、向航天港提供技术援助和指导、在更大规模的运输部内推动美国航天港发展以及增强商业太空运输基础设施的竞争力与复原力（《2018年美国联邦航空管理局再授权法》）。

在《美国国家太空运输政策》（2013）中，用了一小节的篇幅介绍太空发射场。文中讨论的重点是机构间的协调和与私营部门的合作，而非不同运输方式之间的协调。航天港基础设施被认为是太空运输系统的组成部分，但不是政策的重点。

在航空港法规中，《美国法典》规定，运输部长应考虑民航各部门的需求，以及航空港系统与预测到的航空技术发展之间的关系［《美国法典》第49编第47101节（a）（2）］。虽然"航空"一词用来描述空中活动，但由于亚轨道活动、轨道活动和某些航空活动相关技术的性质，"航空航天"一词的使用频率比"航空"更高。如法规所述，它将其管辖的范畴仅限于航空，不过，它似乎也考虑到了一个现实，那就是技术发展可以推动向一体化航空港系统计划发生转变。可以将轨道和亚轨道活动设想为不同的太空运输方式，而将太空运输和航空设想为大范围中的不同运输方式。

在《1938年民用航空法》颁布（正值汽车运输和水路运输对铁路运输产生重大影响之时）之前，多式联运（即运输方式之间相互协调）的相关讨论就已展开。最终，美国州际商务委员会（ICC）将铁路和公路承运人均纳入其管理范围，而航空和汽车承运人则协调其运营，以最大限度地提高快速航空服务的效益。费尔（Fair）和威尔逊（Wilson）将协调描述为"为了达成和谐结果而做出的一种调节与联合行为，并对协调后的人或物进行和谐化调整"（1934，第270页）。他们还指出，在这种协调过程中，每种设施都享有一席之地。Nelson（1938）确定了几项协调目标：首先，必须制定更好的公共运输政策，以形成更加高效的运输系统，并说明"通过调节来完成协调任务"；其次，为每家竞争机构找到适当的经济领域，并为其提供最经济适用的运输工作（第169页和第171页）。

在建造达拉斯—沃斯堡航空港时，联邦航空管理局西南地区的区域主任亨利·纽曼（Henry Newman）也曾慷慨激昂地表示，必须将不同运输方式协调起来。在航空港的落成典礼上，他说道，"如果我们在建造航空港上随心所欲、为所欲为，丝毫不顾及其他运输方式或整个社会，而这样的举动或许只是为了让整个航空业或者其中的某个部分受益，那不仅我们在经济上负担不起，社会也不会再继续容忍下去"（Newman，1973，第359页）。此外，在欧洲，"运输业历来都是欧共体有权制定共同政策和共同规则的领域"（Marciacq等，2013，第3页）。

美国行政部门最近发布了两项指令，即《美国国家太空政策》（2010年6月28日）和《美国国家太空运输政策》（2013年11月21日），其中对太空活动和太空运输制定了国家政策目标。《美国国家太空政策》范围更广，将美国太空活动的原则和目标均包含在内。这些原则明确表明，美国将支持并促进增强（反映法规的语言）美国航天领域的强大实力和全球竞争力（国家的经济利益）。对于"航天港"和"航天港运营"，文中既进行了直接的阐述，又将其作为基础设施的组成部分予以了说明。文中部分章节提到了与发射活动和设施有关的目标及社会基本价值观，其中包括参与全球市场和发展国内商业市场、扩大国际合作以及保障运营安全与担负运营责任。政策指出，美国政府应将太空的日常运营职能转移给私营部门，前提是不会危及运营安全和国家安全，同时还应鼓励在国际太空安排中使用美国的商业太空服务。

在《美国国家太空运输政策》中，也对航天港进行了讨论。该政策的论述更具体，侧重于将太空运输作为具有多项能力的系统。必要时，设施可进行现代化改造，这样既能保持通往太空的通道，又能保持美国的领导地位。文中从"空间区域"的角度，即从亚轨道到地球轨道再到外层空间，对太空进行了讨论。NASA 和 DoD 等政府部门和机构将开展基础设施建设、运营及升级，并对相关活动提供支持，从而鼓励私营部门、州政府和地方政府参与。此外，还要求这些部门和机构制定太空运输的相关政策与监管措施，在促进商业发展的同时，还要将公共安全考虑在内。运输部长要与 DoD 及 NASA 合作，针对所有发射场（商业航天港、联邦发射场和州立发射场）上进行的发射，制定出共同的公共安全要求和标准，并加以完善，同时还要积极推动国际社会采取美国的安全法规、标准和许可授予措施。实现国际商业太空运输活动的全球互操作性和安全性是明确规定的目标。

除了上述空间政策指令，以及将航天港纳入更大型运输生态系统的航空港法规之外，美国还有悠久的立法框架。《1984 年商业太空发射法》（United States Congress，1984）向运输部授予航天港资质许可的法定权限。运输部通过美国联邦航空管理局内的商业太空运输办公室，利用该权限颁布实施条例，实际上提出了对这些许可的要求。

1.3 我们将去向何方？

请读者注意本章的一些关键点：第一，虽然航天港已存在了几十年，但商业航天港还是航天领域令人振奋的新生事物。第二，航空和航天一直以来都存在着联系，而且这种联系还将继续保持下去；它们都源于科学和技术，对人类进步至关重要。推而广之，航空港和航天港之间的联系不可低估。第三，国家政策制定通常赶不上技术能力发展，但我们可以参考历史来定义航天港和商业太空活动政策。第四，风险高，最主要是对人类和环境的风险，但也包括对政治、财政和经济等领域的风险。一旦出现异常，人类生命将危在旦夕。保障安全是重中之重。最后，虽然本书使用美国政策和法规开展案例研究，但读者可根据自身需求得出相关启示。

在介绍航天港的历史和政策后，我们现在来探讨一下航天港的其他驱动因素。许可和监管将在第7章进一步探讨。但是，首先我们必须研究航天港及其所在的更大范畴系统（例如领空）的内部、周围以及外部发生的活动，以及如何将发射与该空域完善成熟的使用方及其他一些使用方整合起来。此外，我们还要探讨航天港基础设施的技术驱动因素；经济、商业、财政和环境考虑事项；航空港在向航空航天港转型时面临的问题；以及航天港规划。

注释

①See Airport Survey, U. S. House of Representatives Document No. 245, 76th Congress, 1939, 1st Session, pp. 12 – 13 ceding responsibility for airport projects to the Works Progress Administration.

②This fact is eerie in its foreshadowing of the situation at Spaceport America in New Mexico, originally built to Virgin Galactic's specifications and only recently modified to accommodate other craft.

参考文献

[1] Adams, C. and Petrov, G. (2006). 'Spaceport Master Planning: Principles And Precedents,' In: Space 2006. San Jose, CA: American Institute of Aeronautics and Astronautics. https://arc.aiaa.org/doi/abs/10.2514/6.2006 – 7325.

[2] Blaine, J. C. D. (1954). 'The development of a National Airport Plan,' 30 Land Economics, No. 3 (Aug. 1954), p. 270.

[3] Breurer, M. and Williamson, J. (1930). The Birth of a New Republic. Publisher: Amazing Stories. www.technovelgy.com/ct/content.asp? Bnum = 2173 (Accessed: 6 July 2019).

[4] David, L. (2006). 'Spaceports: Building up the Space Travel Industry,' Space.com. Available at: https://www.space.com/2413 – spaceports –

building – space – travel – industry. html(Accessed:28 March 2020).

[5] Fair,M. and Wilson,G. L. (1934). 'Coordination in Transportation:A National Economic Problem,' Annals of the American Academy of Political and Social Science Vol. 171 Banking and Transportation Problems(Jan. 1934),pp. 268 – 276 at 270.

[6] Foust,J. (2010)'The Spaceport Glut,' The Space Review. Available at:www. thespacereview. com/article/1545/1(Accessed:10 August 2010).

[7] Google Books Ngram Viewer. (2019). 'Search for spaceport and space port.' https://books. google. com/ngrams/graph? content = spaceport%2Cspace ± port&case_insensitive = o n&year_start = l940&year_end = 2008&corpus = 15&smoothing = 3&share = &direc t_url = t4%3B%2Cspaceport%3B%2Cc0%3B%2Cs0%3B3Bspaceport%3B%2Cc0%3B%3BSpaceport%3B%2CcO%3B3BSPACEPORT%3B%2CcO%3B. t4%3B%2Cspace%20port%3B%2Cc0%3B%2Cs0%3B3Bspace%20port%3B%2Cc0%3B3BSpace%20Port%3B%2Cc0(Accessed:15 August 2019).

[8] Heiney,A. (2002). 'Germans Led During the Early Days of KSC,' Spaceport News,Vol. 41,No. 14:1,12 July 2002.

[9] Hughwey,E. W. (1963). 'Criminal Responsibility in Outer Space,' Proceedings on the Conference on Space Science and Space Law,p. 150.

[10] Marciacq,J. – B., Tomasella, F., Erdelyi, Z., and Gerhard, M. (2013). 'Establishing a Regulatory Framework for the Development & Operation of Suborbital & Orbital Aircraft(SOA)in the EU:The role of EASA,' Presented 13 September 2013 at CUSST. Copyright EASA/KU Leuven.

[11] Merriam – Webster Dictionary. (2019). www. merriam – webster. com/ dictionary/spaceport#hl(Accessed:6 July 2019).

[12] Murray,D. (2014). 'The FAA's Current Approach to Integrating Commercial Space Operations into the National Airspace System'. Available at: www. faa. gov/about/office_org/headquarters_offices/ast/reports_studies/ media/REMAT – Murray – FAA – FINAL. pdf(Accessed:8 June 2014).

[13] Nelson,J. C. (1938). 'Coordination of Transportation by Regulation,' The Journal of Land & Public Utility Economics,Vol. 14,No. 2,pp. 167 – 181 at 169,171,(May 1938).

[14] Newman,H. L. (1973). 'An Innovative Approach to Airport Planning,'

Journal of Air Law and Commerce, Vol. 39, No. 3, p. 359, Article 5.

[15] Space Foundation. (2017). The Space Report: Authoritative Guide to Global Space Activity. Washington, DC: Published by The Space Foundation.

[16] Sprague, R. (2010) 'Roadmap to Center's Future Takes Shape,' Spaceport News. Vol. 50, No. 14. Available at: www.nasa.gov/centers/kennedy/pdf/468131main_070910spn_co lor.pdf(Accessed:9 July 2010).

[17] technovelgy.com. (2019). 'Technovelgy.com Where Science Meets Fiction.' Available at: www.technovelgy.com/(Accessed:6 July 2019).

[18] United States. (2010). National Space Policy of the United States of America (June 28, 2010).

[19] United States. (2012). 49 United States Code 4710, Policies. Available at: https://uscode.house.gov/view.xhtml? path =/prelim @ title49/subtitle7/partB/chapter471/subchapterI&edition = prelim(Accessed:25 July 2019).

[20] United States. (2013). National Space Transportation Policy of the United States of America (November 21, 2013).

[21] United States. Code of Federal Regulations, Title 14 Aeronautics and Space; Volume 4, Chapter Ⅲ, Part 405.1, Definitions. Available at: www.ecfr.gov/cgi-bin/text-idx? SID = 68fecdc5c85d713c638cf58bed2a31d8&mc = true&node = pt 14.4.401&rgn = div5(Accessed:24 May 2019).

[22] United States Congress. (1938). Civil Aeronautics Act of 1938, Act of 23 June 1938, 52 Stat. 973, Section 302(a) Proviso.

[23] United States Congress. (1984). Commercial Space Launch Act of 1984, 98th Congress, H.R. 3942.

[24] United States Congress. (2018). FAA Reauthorization Act of 2018 H.R. 302, 115th Congress(2017 - 2018).

[25] United States Federal Aviation Administration. (2011). 'U.S. Commercial Space Transportation Developments and Concepts: Vehicles, Technologies, and Spaceports (January 2011).' Available at: www.faa.gov/about/office_org/headquarters_offices/ast/media/111355.pdf(Accessed:25 January 2013).

[26] United States Federal Aviation Administration. (2019). 'Active Launch Site Operator Licenses.' Available at: www.faa.gov/data_research/commercial_space_data/licenses/(Accessed:25 July 2019).

[27] United States House of Representatives. (1939). Airport Survey, Document

No. 245,76th Congress,1st Session,pp. 12 – 13.

[28] United States NASA. (2017). The Kennedy Space Center Master Plan 2012—2032. KSC – PLN – 8810. 1. Available at:https://masterplan.ksc.nasa.gov/ (Accessed:6 July 2019).

[29] Virginia Commercial Space Flight Authority. (2012). Virginia Commercial Space Flight Authority Strategic Plan 2012 – 2017 (1 December 2012). Available at:http://www.spaceref.com/news/viewsr.html? pid = 42880 (Accessed:25 January 2013).

第 2 章　商业太空活动与民用空域

　　随着物体从地球进入太空，太空发射和再入操作会对地面和空中活动产生影响。航天港的设计和批准通常关注的是地面环境和安全问题；然而，航天港要有发射能力才能得以维系。航天港的选址和设计应考虑商业太空发射和再入操作对商业航空和其他空域使用方的影响。航空界逐渐意识到了太空发射活动的影响和空域关闭造成的成本。随着发射进程不断加快，预计其他空域使用方将承担所需空域关闭产生的运营成本，其反对呼声也将高涨。在航天港选址时考虑这一因素符合航天港运营商的经济利益。

　　从政策角度来看，航天和航空独立发展，往往不考虑对彼此的影响。这在很大程度上是历史遗留问题，原因在于，航天业是作为政府航天计划的一部分而不是作为商业企业发展起来的。除了太空探索，太空防御曾在轨域的使用上占据了主导地位，是发射服务的主要客户。地缘政治发生变化，加上卫星成本和规模不断缩减，使市场出现重大转变。商业太空已经超越防御太空，成为最主要的使用方。2018 年，商业太空产品和服务占太空经济的 55.3%（Space Policy Online，2019），这表明发射活动不再由国家利益主导。这种转变自然会引起有关空域准入的政策问题。

　　准入问题对航天港运营商和规划者尤为重要，航天港界应考虑根本政策问题中的驱动因素，而不是依赖历史先例。无论是由国家还是代表国家开展的政府行动，空域准入都是必须优先解决的事项。对于国家活动而言，发射场位置和发射时间无须考虑对其他空域使用方的影响。空域本身是国家资产，因此国家享有优先使用权。但商业使用方的情况则并非如此。商业空间使用方的利益必须和其他商业空间使用方的利益保持平衡，但这种平衡并非总是显而易见，特别是在美国——自《1984 年商业太空发射法》通过以来，代表政府实施的发射活动一直都由商业提供商负责。以备受关注的太空探索技术公司（SpaceX）实施的发射为例，2018 年和 2019 年，太空探索技术公司超过 1/3 的发射任务都是代表美国政府进行的（SpaceX，2019）。对于观察者和航天港运营商而言，政府发射和商业发射似乎等同。但从空域规划者的角度来看，审批流程可能就大相径庭了。风险评估不会因发射客户而改变，但经济分析则要权衡不同因素。虽然政府关注的是减轻经济破坏，但在发射计划决策中，对其他商业空域使用方的影响程度还是取决于任务需求。简言之，代表政府实施的发射优先于其他空域使用方的发射，而商业发射则不具有优先权。

有人会说商业空间客户的任务需求因素与政府客户类似，包括实现预期入轨的发射窗口时间。然而，这种商业考虑不能凌驾于其他空域使用方的商业考虑之上。对政府而言，在空域规划和发射审批时，如何实现这种平衡是一大挑战。由于发射客户和目的各不相同，这一挑战变得更加复杂。发射目的是审批决定中的主观因素。以航天港一般3小时的常见发射窗口为例，假设发射：

- 导致200架飞机改变航线；
- 每架飞机平均延误15分钟；
- 每架商用飞机平均载客100人。

这种一般发射总共会导致3 000分钟的延迟。目前，美国航空协会定义的航班延误成本为每分钟74.20美元（Airlines.org，2019）。因此，这次发射对航空公司造成的直接成本为22.26万美元。考虑增加每小时49美元的旅客时间成本，也就使竞争空域使用方的经济成本增加了24.5万美元。（第6章将更深入地探讨对航空的影响。）虽然在国际空间站再补给任务或建成大型电信星座这种关键基础设施的情况下，人们可能会认为该费用微不足道，但这种观点不适用于向个人提供的娱乐性太空旅游探险发射。

为了使用相同的资源——空域，相互竞争的使用方之间本身就会出现冲突。商业发射提供商可通过一些方法来减少对这一资源的竞争需求，从而减少冲突。对于空域，相关方法包括缩短发射窗口期、缩小所需空域、将发射窗口调整到空域需求较低时段或将航天港设在对上方空域需求较低的区域。

平衡空域使用方之间的竞争需求并非商业太空活动的特有情况。在空域管理方面开展军民合作是一项全球议题，世界各国均投入了大量资源，以有效减少各航空部门之间的干扰。空域优先权不是一项新问题，人们希望空域使用方能够参与到各项政策、程序和技术中，从而提高空域容量和可用性，并对未参与的使用方实行准入限制。例如，在拥挤的北大西洋航线系统中，飞机需满足特定的导航性能标准才能进入最理想的空域。为了实现这种"所需导航性能"（RNP），飞机运营商必须进行大量投资，作为其使用的条件。"所需导航性能"法的唯一目的是缩短距离，使更多飞机可以进入拥挤空域，并减少运营商相互造成的压力。对太空发射业而言，有观点认为，他们不会受到有关减轻他们对其他空域使用方的影响这一规定的约束，而这样的观点是不切实际的。

了解这些挑战后，对于航天港运营商和发射业而言，就能深入洞悉通过民用空域实现太空准入这一问题了。从政策角度来看，航天港的这个问题与航空港的问题不可相提并论。对于航空港而言，存在着一项假设，即地面容量决定了对运营商的审批。总体而言，对舱位分配等运行的次数做出限制的航空港计划都是以地面容量为基础的，与空中交通无关（IATA，2018）。因此，航空港运营商可以根据其基础设施确定容量。对于航天港运营商而言，地面基础设施会限制发射能力。但如果上方空域不能满足需求，则即使扩大基础设施可能也不会增加进入太空的机会。

运载火箭和发射任务的多样性使得航天港更加复杂。对发射审批不存在放之四海而皆准的方法。航天港可发射的运载火箭类型，会对如何能将发射融入上方空域这一问题产生重大影响。与容量问题类似，航空港和航天港之间存在的关键区别便在于此。对于航空港而言，做出的假设则是，如果航空港基础设施能够支持某一特定飞机类型，则只要跑道足够长，飞机就会获准起飞。超声速客机的演变体现出航空港存在的一个例外情况，即声爆效应引发的环境问题对飞机的使用产生了限制。航天港和发射运营商应将其在超声速飞机方面的经历视为一场教训，即在未充分考虑可能遭受的阻力情况下就制定出了运营模式，令其面临经营风险。

一般而言，如果航空港的跑道容量足以支持喷气式飞机运行，那么这座航空港就会努力吸引这些运营商。航天港没有这样的假设条件。目前，发射的审批工作是根据具体情况逐项进行处理的，而且还会考虑诸多因素，包括对飞行中的飞机产生的风险、移开其他空域使用方造成的经济影响。在航天港规划中，需将这些准入问题视作空域使用方群体不可分割的一部分。

2.1 空域、任务和空中交通管制

空中交通管制（ATC）的基本目的是防止撞机。飞行员和管制员之间有明确的角色和职责划分，以确保实现这一目的。防止飞机与地形障碍或其他障碍物碰撞的标准和责任也已确立。影响飞行的其他危险因素，包括野生动物和危险天气，均通过空域管理系统予以识别和缓解。空中交通管制的核心是安全服务，但安全和效率并非两个相互疏离的概念。监管环境旨在促进所有类别的使用方安全高效地进入空域。效率方面的规章制度要求空中交通服务做好各类使用方利益之间的平衡。

第 2 章 商业太空活动与民用空域

在美国,空中交通管制的任务是实现"安全、有序且快速"的空中交通(Federal Aviation Administration,2017b,第 2-1-1 页)。联邦航空管理局(FAA)是监管机构,联邦航空管理局空中交通组织(ATO)是空中导航服务提供商(ANSP)。在考虑如何管理空域准入和随后的太空准入时,认识到两者间的区别是至关重要的。大多数国家都有类似的总体结构,其监管机构和服务提供商为不同机构。无论空中导航服务提供商是独立机构、公司还是承包服务商,如何对两者加以区分,各国都不尽相同。美国拥有大量运营中和已投入规划的航天港,产业成熟,因此,美国可以作为典范,用以阐述关于空域准入和航天港规划的根本问题。

联邦航空管理局作为监管机构,对国家空域系统(NAS)负有法定责任。在全球范围内,空域和国家空域系统不可互换。美国用"国家空域系统"一词将其确定为国家机构,使之有别于民间机构。联邦航空管理局的职权包括对民用和军用飞机进行导航和空中交通管制。这是国家政策选择,最初在商务部内部组织,后来民航局成为独立机构,随后又成为联邦机构。建立联邦机构是经过深思熟虑的决定,体现了将航空港交通管制纳入联邦管理以及兼顾民用和军用空域需求的必要性。在其他国家,更常见的模式是将军民机构加以区分。"国家空域系统"是美国特有的术语,联邦航空管理局将其定义为:

美国空域的公共网络;空中导航设施、设备和服务、航空港或着陆区;航空图、信息和服务;规则、规章和程序、技术信息以及人力和物力。军民共享的系统组成部分也包含其中。

(Federal Aviation Administration,2017d,第 N-1 页)

空域是国家空域系统的一个子类别,由法规予以定义,在全球范围内具有更加普遍适用的定义:

"可航空域"是指本小节和本部分第三小节规定最低飞行高度以上的空域,包括确保飞机安全起降所需的空域。

[《美国法典》(USC)第 49 编第 40102 节(a)(32)]

航空运营商对隔离军用空域和准入限制都非常熟悉。但是,在我们谈到其他空域使用方的空域需求时,就需要考虑空域及其分配的根本政策结构。根据法律和法定授权,联邦航空管理局负责美国的所有空域。这体现了联邦机构所采用的方法,它与其他国家按地理位置划分军民机构空域的做法不同。联邦航空管理局已将美国空域的运营控制权委派给其空中交通组织,由该组织担任空中导航服务提供商。特殊用途空域（SUA）俗称"军用空域"，由联邦航空管理局的空中交通组织通过协议书和谅解备忘录（MOU）授权给使用机构。联邦航空管理局和军事部门之间达成的这些协议，不仅仅是出于任务需求的考虑，因为它们在制定过程中还考虑到要尽量减少对其他空域使用方的干扰。联邦航空管理局联合命令 7400.2H《空域事务处理程序》对空域的最优利用做出了规定，并明确指出：

> 特殊用途空域应位于对非参与飞机和空中交通管制活动影响最小的位置。对此也应考虑提议者的要求，以达到平衡。特殊用途空域的位置应尽量避开航空公司/喷气式飞机航线、主要航站区和已知的高容量目视飞行（VFR）航线。

对于航天港而言，理解空域所有权和控制权结构很重要（图 2.1）。在美国联邦发射场内运营的航天港将与使用机构实施对接，该机构与空中导航服务提供商签订协议，受该协议条款的约束。对空域及其用途的变更由空中交通组织和使用机构进行协商。航天港运营商需与联邦发射场达成协议，而联邦发射场又与空中交通组织达成协议。联邦发射场以外的航天港和发射运营商直接与空中交通组织签订运营协议，这通常是运营设施层面的协议。使用联邦发射场空域可以简化流程，因为发射场和空中交通组织之间的协议总体上已签署妥当。随着发射进程的加快，人们开始关注流程的标准化。

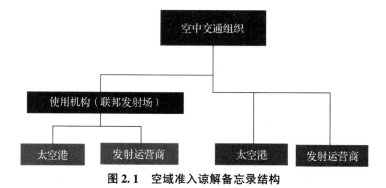

图 2.1 空域准入谅解备忘录结构

空中交通组织的空域管理作用不会因运营商使用联邦发射场而改变。虽然美国的特殊用途空域俗称"军事空域"，但在军事指挥部作为使用机构的空域，称作"特殊用途空域"更为准确。在寻求与空域对接时，理解空域术语的确切含义非常重要。

一些术语通常不太容易理解，因为普通语言定义可能与其技术应用不同。

"非管制空域"或"非监管空域"等术语往往会造成混淆。非管制空域不同于非监管或未占用空域，它是指未提供空中交通管制隔离服务的空域。然而，这并不妨碍飞机在该空域内运行，包括按仪表飞行规则（IFR）运行。对非管制航空港的管理也类似。虽然在航空港地面不提供空中交通管制服务，但飞机会收到仪表飞行规则飞航许可，同时仍由飞行员负责在进入管制空域之前避开障碍物和地带。"非管制"并不意味着相应空域完全不属于空中导航服务提供商的职责范围，航空条例仍然适用。同样，"非监管空域"不会将相应空域排除在服务提供商的权限之外。监管空域和非监管空域的管理完全相同，区别在于，对于使用机构在非监管空域内的运行，联邦航空管理局不行使强制执行权。在特殊用途空域以外，军用飞机须遵守联邦航空法规（FAR），而在非监管特殊用途空域内，则不受这些法规约束。

对非参与飞机可能构成危险的活动均在隔离空域内开展。这可以通过使用特殊用途空域、临时飞行限制（TFR）或高度预留（ALTRV）来实现。值得注意的是，隔离空域可能包括非管制空域。为确保非参与飞机（包括不与空中交通管制机构联络的飞机）免受危险活动的影响，必须事先安排隔离空域，并通过飞航公告（NOTAM）传送。太空发射和回收作业需要隔离空域，这导致希望进入空域的其他使用方必须转移。重要的是，要将太空活动视为具有准入权的空域使用方，而不是干扰者或简单地视作危险。

了解了如何管理空域，而非如何管制空中交通，就有助于理解空中导航服务提供商的作用及其与太空活动的关系。许多国家都在军事和民事机构之间进行空域分配，因此，美国模式并不是主导模式。但自《1984年商业太空发射法》颁布以来，美国在商业太空发射活动方面相对而言已经积累了长期的经验。在其他有发射能力的国家，大多数发射都是国家行为。既然是国家行为，那就可以认为其享有空域优先权。随着全球商业太空发射活动与日俱增，这一优先权的设想便不能成立了，而美国模式可能会变得更加普遍。

2.2 利益相关者及其角色

在美国，《美国法典》第51编对"航天港"的定义是：

"航天港"是指由运输部长授予许可的实体所运营的发射场或再入场。

"航天港"或"航天发射场"可用于描述将物体发射进入轨道的任何地点。但随着可用的发射新模式的开发，术语可能会发生变化。从长远来看，对于亚轨道太空飞行、可重复使用运载火箭和空中发射模式而言，在某些阶段可能不需要修建专门的设施。例如，在美国航天飞机计划期间，返回的航天飞机计划降落在指定航天港，但几个国际航空港被指定为中辍降落场，因此无须指定航天港。未来，国家可能设立航天港、航空港—航天港综合体，或者允许空天飞行器降落的传统航空港。在每种布局中，不同类别的利益相关者可能都会在共用空域内运行。

2.2.1 监管机构

区分监管机构和空中导航服务提供商颇为重要。对联邦航空管理局而言，商业太空运输办公室是监管机构，负责发放发射许可证和执照。它和空中交通组织一样，是联邦航空管理局内的组织。在联邦航空管理局外，负责太空交通管理的政府机构和职权将进行变更，当然，这些变更的目的不是从联邦航空管理局中撤除该发射批准机构。该机构可以保障发射安全，还可以确保对相关飞机危险区域进行划定。但是，这一职能不包括对空域本身的管理，那属于空中导航服务提供商的职权范围，而该提供商就是联邦航空管理局内的空中交通组织。这和飞机的处理方式类似。尽管联邦航空管理局作为安全监管机构批准航空公司运营，但任何对特定航班的起飞和进入空域许可均由空中交通组织提供。在美国，这两个实体都属于联邦航空管理局的管辖范围，但在监管机构和服务提供商不属于同一政府实体的其他国家，情况则并非如此。

将太空发射运营商视为空域使用方，与其他空域使用方的利益保持平衡，还是将其视为空域中的一项危险因素，各国情况都各有不同。目前，美国模式属于混合型方法，即一方面使用隔离空域来减轻危险；另一方面，在批准单个发射窗口时，空域需求由交通流量管理部门来评估，以确定受影响的飞机数量。这种对空域的评估不是监管职能。如果商业太空运输办公室和空中交通组织之间的内部关系不透明，人们可能会认为，这些职能都由一家实体来履行。这种结构旨在为商业航天业提供唯一的发射审批联系点，同时机构内部的权力线保持清晰明确。

2.2.2 空中导航服务提供商

空中导航服务提供商负责管理空域。欧洲航空安全组织（Eurocontrol）对空中导航服务提供商提出了普遍认可的定义，即代表公司、地区或国家管理空中交通的任何公共或私营实体。联邦航空管理局将其空中交通组织确定为美国管理空域的空中导航服务提供商，并对其做出以下描述：

空中交通组织（ATO）是联邦航空管理局的业务部门，负责向 2 940 万平方英里①的空域提供安全高效的航空导航服务。这一空域占世界空域的 17% 以上，涵盖了整个美国以及大西洋、太平洋和墨西哥湾的大部分地区。

（Federal Aviation Administration，2017c）

每个空中导航服务提供商均根据国际民航组织（ICAO）发布的标准和推荐做法管理由其负责的空域。国际民航组织是联合国负责处理民航事务的专门机构，虽然它不时表现出希望发挥更大作用的意愿，但在处理民用空域的商业太空活动方面，它的职责有限。联合国未设类似的太空活动机构，原因在于，尽管联合国外层空间事务厅（UN OOSA）对和平利用外层空间委员会（COPUOS）提供支持，但不制定标准和程序。

作为空域管理者，空中导航服务提供商负责空域准入许可事宜，并对发射所在的飞机危险区内的其他运行活动予以限制。这项工作是通过设立危险区、临时飞行限制区（TFR）或划定已公布的特殊用途空域来完成的。在主权领空，空中导航服务提供商可以灵活地执行相关国家的规则，以允许或限制在发射空域内的运行。然而，对于国际民航组织理事会以提供空中交通服务为目的而授权给国家的公海空域，则一律遵循国际民航组织《附件 2：空中规则》的要求。对于需要使用排他性空域的发射活动而言，其发射许可能力可能会因此而受限。

在美国以外的国家，空中导航服务提供商的资金来自航线收费。许多收费制度都与安全和效率这两项性能指标紧密相关。如果为限制空域准入的发射活动提供空域，可能会对容量、环境和成本效率等性能指标产生不利影响。对于企业化的空中导航服务提供商来说，如果航天港的营收不足以支撑起空域关闭和交通流量管理所带来的成本，那么空中导航服务提供商也没有什么动力去迎合商业太空业的需求。在太空发射活动享有公共政策优先权的国家，空中导航服务提供商向政府寻求资源，以支持该需求。设法限制对其他空域使用方的干扰，以避免产生冲突，这样的做法符合航天港规划者的利益。

2.2.3 军事指挥部

对于共同位于军事设施或军事特殊用途空域下的商业航天港而言，航天港运营商将与负责的军事指挥部直接进行对接。作为使用机构，军事指挥部有权依照其与代表空中导航服务提供商的相关空中交通管制机构达成的现行谅解备忘录,对空域内的运行活动予以许可。指挥部无权批准现有协议之外的运行活动,这类活动可能需要与空中导航服务提供商进行额外协调或达成附加协议。目前,美国正从地方空中交通机构的层面上进行这类协议谈判,由此可能导致出现分歧。除了在军事设施或特殊用途空域内的运行之外,航天港运营商还需关注邻近特殊用途空域的区域,不得为扰乱军事任务的发射活动提供空域。

2.2.4　太空发射运营商

航天港的主要客户是其主要利益相关者。航天港的设计和位置要考虑太空发射服务提供商潜在的空域准入需求,这一点很重要。

2.2.5　其他空域使用方

航天港可能不会与其他空域使用方直接对接,但他们的利益会对航天港客户何时、如何以及间隔多久进入上方空域产生重大影响。理解这些利益相关者的需求、灵活性和限制有重要意义。为确保航天港用户对空域准入的期望切合实际,必须了解运载火箭对航天港上方和所需轨迹沿线的空域需求。

2.3　将商业太空活动整合到民用空域

航天港可发射的运载火箭类型决定了空域整合的特点。航空业和航天业皆知获利之道在于减少对彼此的影响。将商业太空活动视作常规空域使用方进行整合,将有助于实现这一目标。空中导航服务提供商能否将商业发射视作空域使用方并为其提供空域,而不会将其视作危险予以缓解,决定性因素在于发射的特点与行业安全性能。发射业在预测、检测和一致性方面取得的进步有利于整合。

评估太空发射对空域的影响,就是要判定所需时间、所需空域容量和受影响飞机数量。美国在发射审批时遵循该模式,但其他空中导航服务提供商可能会考虑其他因素,包括管制员工作量、飞机改变航线的环境成本和成本效率。

对发射审批的讨论主要集中在发射阶段,因为非参与方对安全的大部分顾虑都来自将飞行器发射到太空所需的能量。然而,引起空域规划者关注的还有再入阶段。拟用的再入飞行器形式多样,这是空域规划者所面临的额外挑战。再入类型包括当前模型,如返回的可重复使用级、可重复使用升力体、空天飞行器和太空舱。为有效地规划空域，需要更多关于再入类型空域需求的信息，这种需求不仅限于安全性分析。

对于"哥伦比亚"号航天飞机再入事故，已从残骸坠落所引发的风险角度进行了深入研究。这种安全分析不同于空域分析，后者的目的是确定再入对其他空间使用方产生的经济影响。问题需在远景规划阶段解决，因为空中导航服务提供商无法像拒绝发射一样拒绝再入。然而，在对内陆航天港审批的讨论中，"哥伦比亚"号事故渐渐引发了担忧，这场灾难也是高超声速亚轨道点到点运输开发当前考虑的因素。

2.3.1 垂直发射和返回（各种类型）

传统的垂直发射超越隔离空域模式的可能性微乎其微，但随着安全性的提高，再加上保障任务执行所需时间窗口缩短，空中导航服务提供商具备的发射能力将大幅提升。在隔离空域模式下，大型垂直发射会占用大量空域，对其他空域使用方产生重大影响。新兴的小型发射器模型可能会改变这种范式，并从空域规划的角度划分类别，认识到这一点颇为重要。

大型垂直发射可以包括几个配合发射的返回段，以及一段时间后返回的飞行器。返回体可能不尽相同，并使用不同的再入模式，包括太空舱、空天飞行器或受控可重复使用级。每种模式都需要实施不同的空域规划，并且会对其他空域使用方产生不同形式的影响。此外，返回的飞行器可能载人，也可能不载人，这使情况更加复杂。在美国，发射许可包括再入部分，因此"垂直发射"一词不够全面。垂直发射可分为以下几类：

- 无返回级的垂直发射；
- 有垂直返回级的垂直发射；
- 采用水平返回的垂直发射；
- 采用溅落返回的垂直发射；
- 有垂直返回级、采用水平（或其他）返回的垂直发射。

各类发射对空域的影响方式各不相同，这也决定了其他空域使用需要采取的反应方式。在模拟空域要求时，返回空间飞行器的性能特征和跟踪能力等个体特征都是重要的考虑因素。

2.3.2 水平发射或返回

对于空域管理者，可重复使用升力体的水平发射或返回既是挑战也是机遇。如果飞行器能像航空运行一样配备通信、导航和监视设备，那么飞行器就能实现整合，而无须采用大面积隔离空域。然而，在隔离空域以外的范围，超声速或高超声速则需要新的程序来整合这些运行。"水平发射"一般用于描述各种当前和拟用发射模式，包括从飞机上发射和单级入轨高超声速飞行。

2.3.2.1 亚轨道高超声速飞行

亚轨道高超声速运行包括处于概念阶段的一系列运行类型。太空旅游亚轨道空间飞行器的空域使用剖面与点到点亚轨道运输飞行器的剖面截然不同。前者既可能使用垂直发射剖面，也可能使用水平发射剖面。对于点到点亚轨道高超声速飞行的水平发射，一些国家可能会限制或禁止在飞离通航空域前经过居住区的航线。航天港选址应考虑这些可能存在的限制。随着技术的发展，具体空域管理技术的开发势在必行，以便评估这些运行类型的影响。空中导航服务提供商在开发高超声速空域管理工具时，可以考虑为容纳超声速飞机而采用的方法。

2.3.2.1.1 亚轨道太空旅游

在相对受限的区域，开展亚轨道太空旅游有望发展成为常规且可重复的活动。这对空域规划者大有裨益。发射活动不频繁时，通常需要指定飞机危险区，并实施交通评估。如果太空旅游市场按照预期发展，则航线将为人熟知且可预测，审批应只是例行公事。但是，前提是发射位置不与其他空域使用方的需求发生冲突。当空域需求变得可以预测时，就可以使用时间和空域容量均更小的窗口。然而，运行频率才能让空域需求变得可以预测。航天港的利用率越高，对空域的需求就越高。因此，对于为太空旅游而建设的航天港，尽管监管机构在此耗费的时间可能相对较少，但根据空域被隔离的总分钟数，发射频率可能会导致这类使用方成为其他空域使用方的最大干扰。

在预测 2025 年的发射活动时，联邦航空管理局预测卡纳维拉尔角肯尼迪航天中心每年有 17 次发射，这与目前的使用情况一致。但在已规划的航天旅游中心美国航天港，预计每年将发射 618 次（Federal Aviation Administration，2017a）。民用飞机进入该空域的需求较低，尤其是与繁忙的佛罗里达州至东北部各航空港的走廊相比。该走廊横跨卡纳维拉尔角 NASA 的特殊用途空域。如果按年测量，虽然频率有差异，但对其他空域使用方导致的影响几乎相等。这使空域规划者面临的情况更加复杂。目前，发射审批均视具体情况而定，因此经济影响仅限于所讨论的单次发射。太空旅游活动是否会改变这一范式，或者改变是否必要，当前仍不明朗。或许只有当其他空域使用方认为空域准入失衡而施加压力时，才会有所改变吧。

2.3.2.1.2 亚轨道点到点运输

亚轨道点到点运输是仍处于发展阶段的新兴模式。然而,未来的运输模式考虑的是现行法律和当前对空域准入的限制。美国和欧洲都禁止民航飞机以超过马赫数 1(超声速)的速度飞越陆地。如此一来,这些民航飞机的运行就会像"协和"式飞机那样,只能局限于某些航空港。然而,亚轨道超声速运输空天飞行器则不同,它可以飞离地球大气层,在大气层外飞行一段距离。当前的监管模式并未预见到该活动。毫无疑问,在太空中运行的航天器都能以任何速度飞越陆地。但对于界定大气层和太空之间界限的海拔高度,目前尚无定论。因此,尚不清楚亚轨道飞机必须达到怎样的高度才能在陆地上空以超声速或以上速度飞行。例如,美国认定飞行高度达 80 千米以上即为太空,而欧洲标准则是 100 千米。这样区分是为了分类,而不是确定监管权威标准。这种含混不清的界定可能会对航天港提案带来一个问题,那就是选址存在风险,航天港所在位置可能不允许开展运行活动。从市场的角度来看,适宜于容纳发射和飞行限制物理特性的航天港可能会增加行程时间和不便,让选择高超声速运输方式旅行的优势被抵消。

2.3.2.2 水平返回

相较于"发射"一词,"水平返回"更加简单直接,但仍包括各种运行。最常见的设计是滑翔机,但未来的设计可能还包括带动力的飞行器。发射方法不会改变再入阶段所需的空域管理。美国的航天飞机是挂在竖立着的火箭上发射的,而维珍银河公司的"太空船"2 号(SpaceShip Two)则是通过专门建造的载机从空中发射。发射方式与再入剖面关系甚微,航天飞机和"太空船"2 号都是以大角度再入,出现在商用飞机可用空域的时间只有几分钟。重点是要区分正常再入的空域需求和非标称事件下残骸的可能路径。"哥伦比亚"号事故经常被引用。在从太平洋到路易斯安那州这条路径上,其残骸散落在 400 多千米长的地带。值得注意的是,航天飞机是在下降到 20.3 万英尺[②]时发生解体的。商用飞机在 6 万英尺以下的高度运行,对于大多数再入剖面而言,返回的航天飞机所在高度远高于商用空域,并且在影响民航的空域中只停留几分钟。

2.3.3 空中发射

在某些应用中,尤其是涉及航天港的应用中,一般认为空中发射是水平发射,因为载机是从水平轨迹的跑道上起飞的。这个术语体现了政策观点,即载机事实上可视为第一级,它携带火箭从地球表面穿过部分大气层。

飞机、气球或其他空中平台发射为火箭点火和发射的空域管理赋予了极大的灵活性。然而，发射器运输和定位的相关问题可能又会造成新的复杂性，特别是气球方面。运载飞行器具有传统空域使用方的特征，可按既定标准管理，还可以在发射前选择将其送入没有其他交通的空域。从技术角度来看，这些运载飞行器可以从任何合适的场所起飞，无须航天港来支持其运行。不过，考虑到预计会进行发射，并且将搭载火箭，因此可能出于政策考虑而规定必须使用指定航天港。

这类发射可以用于载人航天，这与维珍银河公司所用的方法一样。但该方法用于小型卫星发射器的情况更为普遍，诺思罗普·格鲁曼公司的"飞马座"火箭和维珍轨道公司正是如此。两者均采用了一种模式，即发射器分别由 L1011 和波音 747 飞机运输到合适高度，然后释放发射器，并点燃火箭。火箭在自由落体过程中点火，不到 2 分钟就可以飞离空域，而载机则返回相应航空港或航天港。维珍银河公司使用专门制造的载机"白骑士"（White Knight）来发射载人飞机，而小型卫星发射器则采用了不同的模式，它对商用飞机进行认证改造，将发射器连到了飞机上。从空域管理角度来看，这一点意义重大。除主动发射以外，其他运行均为常规运行，因此可以按照正常空中交通管制程序来处理。部分监管机构可能会对发射器运载过程设置额外的安全缓冲区，但一旦执行了发射，就没有任何实际理由将载机与任何其他 L1011 或波音 747 飞机区别对待。这样空域规划者就能非常灵活地容纳发射需求，航天港也因此获得空域准入的可靠途径。

气球空中发射已经得到了论证，但并非常用方案。这种方法有独特的空域要求。在国际民航组织和美国联邦航空管理局关于不载人自由气球的标准和程序中，均未预见到会将危险材料作为运输工具。就火箭点火所需燃料而言，可能需要制定适用于这种运行模式的特定程序。在考虑隔离空域时，要认识到不载人自由气球的航行局限性。隔离空域需足够大，以确保气球平台不会偏离该空域范围。气球上升速度慢，尤其是运输重物的气球。用于科研的气球要两个多小时才能穿越民用空域。由于所需的空域体积大，并且占用时间长，气球会导致大面积商业太空空域被覆盖，这种情况在常规空中交通区域中是不可行的。航天港若要支持这种发射形式，在选址时就应考虑其上方空域和不载人自由气球的潜在飞行路径。

另一种运行形式是气球太空旅行，目前只有美国可以实现。在这种模式下，发射的气球带有太空舱，舱内配备生命支持系统，以保障 10 万英尺以上高度飞行所需。美国联邦航空管理局已确定，根据太空舱的特性，该活动可判定为太空运行活动。气球没有火箭点火或推进系统,因而消除了从气球上发射火箭的危险。但这是载人活动,因此可能需要隔离空域,才能确保参与者的安全。

2.4　发射频率

考虑商业太空活动对民用空域的影响时,时间、规模和频率都是决定因素。虽然目前对发射审批请求的经济分析是按具体情况逐一进行的,但不能理所当然地认为这种情况会继续下去。发射频率为空域管理研究提供了巨大的动力。其他空域使用方均意识到,提高发射频率能够发挥怎样的潜在作用。我们回想一下商业发射 3 小时窗口的例子。航空数据证实,产生的成本接近 50 万美元。大幅增加发射频率,就会招致其他空域使用方的反对,从而加大空域规划者的压力。

2.5　航天港选址期间的空域考虑

选址阶段为最大程度降低对其他空域使用方的干扰提供了第一次机会。航天港规划应考虑诸多因素,包括与航空港的邻近程度、预计发射与再入路径以及空中拥堵等。其他因素还可能增加空中导航服务提供商的工作量以及协调工作,包括涉及多个空中交通设施或跨越国际边界的空域要求。如果考虑垂直维度,可能就会使航天港的设计和规划更为复杂,但也可以大幅提升航天港使用方的发射准入。

2.6　未来展望

随着商业太空运行活动越来越频繁,安全性将持续提高,这可能会改变空中导航服务提供商和监管机构的运行思路。虽然受保护空域容量的时间和规模将继续减少,但对主动发射阶段使用隔离空域这一根本要求的改变仍遥遥无期。航天港运营要有利可图,就需保证其上方空域可以进入。这方面的一个特殊挑战在于,虽然空中导航服务提供商和空域使用方都在努力解决这个问题,但航天港和发射运营商往往并未参与其中。

国际民航组织负责制定空域事务的全球标准和推荐做法。如何管理空域完全属于国际民航组织的职权范围。《国际民用航空公约》(通常称为《芝加哥公约》）第 37 条对国际民航组织的设立及其职权的确定做出了规定：

> 为此，国际民航组织应通过涉及以下方面的国际标准和推荐做法及程序，并在必要时予以修订：……
>
> （c）航空和空中交通管制惯例规则；……以及与空中导航的安全性、规则性和效率有关的其他事项。

虽然这一措辞并未授权国际民航组织制定有关航天港的标准，但其中确实包含了与空间飞行器发射和再入有关的空域程序标准。有人认为，发射空域扰乱了规则性和效率，因此对发射和再入活动的审批属于"与空中导航的安全性、规则性和效率有关的其他事项"。国际民航组织在协商过程中可获得业界的专家意见，但航天港和发射供应商并未将自己认定为与国际民航组织相关的行业。因此，向国际民航组织标准流程提供意见的途径并未得以应用。

航天港运营商的关注点在于，如何像管理航空港一样管理空域。随着发射活动和多样性的增加，空域管理方式以及其他空域使用方对商业航天业的反应方式都将改变。制定出各方参与空域规划和管理的协作流程，将有助于确保空域准入的可靠性和可预测性，这是确保太空准入的必要条件。

注释

① 1 平方英里 = 2.59 平方千米。（编者注）
② 1 英尺 = 0.304 8 米。（编者注）

参考文献

[1] Airlines for America. (2019). U. S. Passenger Delay Costs [Online]. Available at：www. airlines. org/dataset/per – minute – cost – of – delays – to – u – s – airlines/（Accessed：26 November 2019）.

[2] Federal Aviation Administration. (2017a). Next Gen Space Vehicle Operations (powerpoint) [Online], www. faa. gov/about/office_org/headquarters_offices/ang/offices/tc/library/v&vsum mit/v&vsummit2017/presentations/14%20Space%20Vehicle%20Operations – Integrating%20Commercial%20Space%20in%20the%20NAS%20 – %20Philip%20Bassett_Jason%20Coon. pdf（Accessed：26 November 2019）.

[3] Federal Aviation Administration. (2017b). JO 7110. 65X Air Traffic Control [Online]. Available at: www. faa. gov/documentLibrary/media/Order/7110. 65X_w_CHGl_CHG2_and_CHG_3. pdf(Accessed:25 May 2019).

[4] Federal Aviation Administration. (2017c). Air Traffic Organization [Online], Available at: www. faa. gov/about/office _ org/headquarters _ offices/ato/ (Accessed:14 May 2019).

[5] Federal Aviation Administration. (2017d). Pilot Controller Glossary [Online]. Available at:www. faa. gov/air_traffic/publications/media/pcg_10 − 12 − 17. pdf(Accessed:21 December 2018).

[6] IATA. (2018). Worldwide Airport Slots Fact Sheet [Online]. Available at: www. iata. org/pressroom/facts _figures/fact_sheets/Documents/fact − sheet − airport − slots. pdf(Accessed:21 February 2019).

[7] Space Policy Online. (2019). Commercial Space Activities [Online]. Available at: https://spacepolicyonline. com/topics/commercial − space − activities/ (Accessed:26 November 2019).

[8] SpaceX. (2019). Completed Missions [Online]. Available at: www. spacex. com/missions(Accessed:26 November 2019).

第3章 运载火箭、推进系统和有效载荷
——航天港基础设施的基础

在第 2 章，我们研究了关于航天港位置的空域考虑事项，以及发射进入并穿过空域以到达外层空间的可行性。本章将深入研究航天港地面基础设施的基础，重点是其三大驱动因素：运载火箭（LV）及其推进系统，其次是有效载荷。要讨论航天港基础设施的要求，必须先从概念上理解这些系统要素的构成。

- 根据一般定义，运载火箭是"用于发射卫星或航天器的火箭"（Merriam - Webster Dictionary，2019），并具有"独特能力……将物体插入轨道或亚轨道"（Space Foundation，2017，第 21 页）。严格按照美国的定义，运载火箭是指"为外层空间运行或将有效载荷送入外层空间而制造的飞行器，或亚轨道火箭"（《美国联邦法规》第 14 编第 401.5 节，定义）。请注意，"亚轨道"是指不足地球轨道一圈的轨迹。

- 推进系统是将飞行器及其有效载荷发射到太空的动力，也是在太空中操纵航天器的动力（如适用）。

- 与航空类似，有效载荷是指"由执行飞行任务所需而非用于自身运行的飞行器所搭载的载荷"（Merriam - Webster Dictionary，2019）。因此，有效载荷可以是人（旅客、宇航员、飞行员和机组人员等），也可以是非人类的货物（航天器、卫星、望远镜和补给品）。"有效载荷"一词起源于第一次世界大战期间，代表携带的荷重，通常表示通过运输移动的"有酬负载"载重（McCoy，2012）。

"航天器"一词是指"用于在地球大气层外运行的飞行器或装置"（United States NASA Jet Propulsion Laboratory，2018）。根据设计，航天器既可以与有效载荷分离，也可以容纳有效载荷，还可以视为有效载荷的一部分。值得注意的是，卫星和航天器之间存在着重要区别。卫星按照轨道飞行，而航天器可能绕地球运行，也可能不绕地球运行。如果航天器围绕地球运行，则它通常被称为人造卫星。图 3.1 所示国际空间站（ISS），以及其他用于通信、天气观测和遥感等的人造卫星均属于这种情况。相反，1977 年从佛罗里

达州卡纳维拉尔角发射的"旅行者"号（Voyager）航天器则不是卫星（Harvard – Smithsonian Center for Astrophysics，2008；United States NASA Jet Propulsion Laboratory，2018）。因此，人造卫星是航天器，但航天器不一定是卫星。月球围绕地球运行，是我们的天然卫星。最后，需要注意的是，探测器是无人航天器，专门收集用于研究的科学信息（NASA，2018）。

图 3.1　国际空间站

资料来源：NASA，2000

无论从整体还是组件来看，运载火箭和航天器既可以是一次性使用型，也可以是可重复使用型。可重复使用运载火箭（RLV）是指：

> 可大体完好地返回地球，可多次发射的运载火箭；或包含多个飞行器级，可由发射运营商回收后，用于未来基本类似的运载火箭的运行中。
>
> （《美国联邦法规》第 14 编第 401.5 节）

因此，可重复使用运载火箭是可以多次发射到太空的发射系统（Tian 等，2015），而一次性运载火箭（ELV）会在使用过程中毁坏或根本不能重复使用。更具体地说，一次性运载火箭是"推进级只能飞行一次的运载火箭"（《美国联邦法规》第 14 编第 401.5 节）。现在大多数系统都是可重复使用部件和一次性部件的混合体。

运载火箭在尺寸、设计、性能和发射构型（垂直或水平）方面各不相同。运载火箭的类别根据有效载荷能力来定义。小型运载火箭是指搭载低于 5 000

磅①有效载荷、在115英里②的高度以28.5度的倾角飞行的火箭。中型至重型运载火箭是指搭载超过5 002磅有效载荷、在115英里的高度以28.5度的倾角飞行的火箭（United States Federal Aviation Administration Office of Commercial Space Transportation，2018）。在发射构型方面，运载火箭可以垂直或水平发射，用于亚轨道飞行、轨道飞行或在地球轨道以外的太空飞行。目前，可重复使用运载火箭采用亚轨道或轨道飞行，采用垂直或水平发射构型，但还不能在地球轨道以外的太空飞行。截至目前，一次性运载火箭通常都采用垂直发射，但发射构型也正在随着新概念和设计的出现而变化。

亚轨道运载火箭（SLV）分为两个不同领域：探空火箭和新兴的亚轨道可重复使用运载火箭（SRV）。探空火箭通常是一次性运载火箭，大多用于研究目的。而新型亚轨道可重复使用运载火箭则被视为货运或客运载具，可以在地球大气层以外、轨道以内的空间内运行。它们的结构通常不太复杂，比更常见的轨道运载火箭小（Space Foundation，2017）。

就轨道构型而言，目前使用的运载火箭有近90种，还有50多种新系统处于开发阶段。虽然其中部分构型将取代即将报废的系统，但其他构型仍在开发中，以适应新市场，并在成熟市场中竞争（United States Federal Aviation Administration Office of Commercial Space Transportation，2018）。

最后，除了发射和返回构型［水平起飞（HTO）、垂直起飞（VTO）、水平降落（HL）和垂直降落（VL）］之外，推进系统的类型，包括燃料/推进剂/氧化剂类型，在航天港基础设施以及陆地和空中安全考虑事项中起着重要作用。

在这个背景下，下面将深入探讨世界各地运载火箭的发展。

3.1　可重复使用运载火箭

以下几节的内容将分为亚轨道可重复使用运载火箭和轨道可重复使用运载火箭（ORV）。随着技术和概念的不断发展，在实现成本节约的背景下，许多原本按一次性型设计的老式运载火箭都在逐渐采用更多可重复使用的部件。适当的时候，我们会对这些方面予以重点论述。此外，现在可重复使用性不仅能应用于航天器，如美国航天飞机轨道飞行器，还能应用于运载火箭本身的各级和元件，如与太空探索技术公司以及"猎鹰"（Falcon）一级和二级火箭相关的各级和元件。

3.1.1 亚轨道可重复使用运载火箭

垂直发射的探空火箭是最常见且最耐久的亚轨道运载火箭。如前所述，探空火箭主要用于大气、微重力和天文研究。几十年来，NASA、德国航空太空中心（Deutsches Zentrum für Luft – und Raumfahrt，DLR）和印度空间研究组织（ISRO）等国家空间组织一直在资助探空火箭计划。例如，图 3.2 显示了 1959 年位于弗吉尼亚州瓦罗普斯飞行研究所的第一枚美国空军"标枪"（Javelin）探空火箭。

图 3.2 发射器上的第一枚美国空军"标枪"（Javelin）探空火箭
资料来源：NASA，1978

一般认为，在开展需使用亚轨道轨迹的空间实验时，探空火箭是最具成本效益的解决方案。此外，火箭的有效载荷通常可以回收和重复使用，从而节省更多成本（Jenner，2015）。以往的探空火箭大多是一次性火箭，而较新的设计正朝着部件可重复使用发展（Ogawa 等，2016）。这些火箭主要使用固体推进剂（United States Federal Aviation Administration Office of Commercial Space Transportation，2018），但部分设计使用液体推进剂（Ogawa 等，2016）。

如图 3.3 所示，探空火箭垂直起降（VTOL）操作很简单。发射后，一旦燃料耗尽，火箭发动机就与有效载荷分离。火箭（一次性或可重复使用）坠回到地球，而有效载荷将继续沿亚轨道轨迹运行，之后才会返回地球，返回时通常会使用降落伞（Marconi，2004）。实验要求有效载荷在坠回地球之前，要能行进到卡门线——公认的太空起点（在地球上空100公里③）。

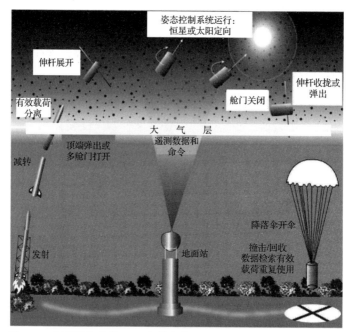

图3.3　典型探空火箭（一次性火箭和可重复使用有效载荷）轨迹

资料来源：NASA/Marconi，2004

在美国，NASA使用从弗吉尼亚州瓦罗普斯飞行研究所、新墨西哥州白沙导弹靶场、阿拉斯加州泊克—福莱特研究试验场和挪威安多亚火箭发射场发射的探空火箭进行实验（United States Federal Aviation Administration Office of Commercial Space Transportation，2018）。但就世界范围而言，印度空间研究组织则从顿巴赤道火箭发射站（TERLS）或斯里哈里科塔（Sriharikota）发射"罗希尼"（Rohini）探空火箭或其他设计类似的火箭。德国多所大学在德国航空太空中心的支持下从瑞典的雅斯兰吉航天中心发射探空火箭（Space Foundation，2017）。"阿里翁"1号（Arion 1）目前正由PLD航天公司开发，将从西班牙塞维利亚附近的西班牙国家太空科技研究所（INTA）阿雷诺索河试验中心（CEDEA）发射场发射（PLD Space，2018）。

除了探空火箭，新一代亚轨道运载火箭，尤其是可重复使用运载火箭，正不断涌现。探空火箭的任务主要是实验和试验，而这些新型可重复使用运载火箭的任务包括至亚轨道空间的载人飞行。对于亚轨道可重复使用运载火箭，水平和垂直起降的设计概念有所不同。正如任何新兴行业一样，主导设计都是缓慢形成的，部分原因在于：运载火箭要求可重复使用并降低成本；空港基础设施提出了需求且其用途正在发生转变；需要将发射活动整合到视安全为第一要务的空域之中。

表3.1列出了目前正在开发的亚轨道可重复使用发射系统。正如表中所示，起降朝向多种多样。只要航天器需与运载火箭分离，火箭和航天器就会以其设计的独特方式返回地球。

表3.1 目前正在开发的亚轨道可重复使用发射系统

国家/地区	运营商/开发商	发射系统	起降航迹	载人/不载人	备注
欧洲	ESA	过渡试验飞行器（IEV）	垂直起降	演示机/不载人；可重复使用；垂直起飞；用降落伞降落在水中	
欧洲	空客公司（Airbus）	"太空飞机"（SpacePlane）	水平起降	可重复使用；载人：4名旅客	
德国	DLR	"太空班机"（SpaceLiner）	垂直起飞/水平降落	载人或不载人	
印度	ISRO	可重复使用运载火箭系统，挂载助推器和航天器	垂直起飞/水平降落	不载人	
美国	蓝色起源（Blue Origin）	"新谢泼德"（New Shepard）发射系统，由助推器和航天器太空舱组成	垂直起降	载人：6座太空舱	两个组件均可重复使用；助推器利用火箭动力垂直降落在陆地上；太空舱用降落伞返回陆地

续表

国家/地区	运营商/开发商	发射系统	起降航迹	载人/不载人	备注
美国	UP航空航天公司（UP Aerospace）	SpaceLoft XL型运载火箭	垂直起降，完全可重复使用。利用降落伞降落	不载人	亚轨道探空火箭
美国	维珍银河公司（Virgin Galactic）	"白骑士"载机与"太空船"2号航天器	水平起降系统两个组件均可完全重复使用	载人：6名旅客/2名机组人员	"太空船"2号利用火箭动力，由载机在空中发射
美国	时代轨道发射服务公司（Orbit Generation Launch Services）	"GO发射器"1号（GOLauncher 1）	载机水平起降	载人式载机可重复使用；不载人火箭	在本书撰写之时，"GO"-1是亚轨道一次性运载火箭。"GO"-2也是一次性运载火箭，目前正在开发，用于执行轨道任务
美国	世界景观公司（World View）	"旅行者"号由高空气球和太空舱组成	垂直起降	载人：6名旅客/2名机组人员	完全可重复使用；太空舱通过帆伞返回
美国	波音（为国防高级研究计划局开发）	"实验性太空飞机"（XS-1号），又称"幻影快车"（Phantom Express）	垂直起飞/水平降落	可重复使用；自动驾驶；不载人；将有效载荷送入近地轨道	有效载荷轨道任务
美国	平流层发射系统公司（Stratolaunch Systems）	用于火箭发射器的平流层发射飞机载机	水平起降火箭由载机在空中发射	载人式载机可重复使用	发射火箭，将有效载荷送入轨道，使其沿轨道轨迹运行；火箭将采用一次性火箭

续表

国家/地区	运营商/开发商	发射系统	起降航迹	载人/不载人	备注
西班牙	PLD航天公司	"阿里翁"2号（Arion 2）	垂直起降	部分可重复使用	发射有效载荷，送入近地轨道

注：本表利用以下来源的信息编制，信息多取自前两项：联邦航空管理局商业太空运输办公室，2018；太空基金会，2018；航空新闻网（Aero-News Network），2018；空客，2014；蓝色起源，2018；波音，2018；Clark，2017；国防高级研究计划局，2017；PLD航天公司，2018；Whitfield，2014。

显然，对于上文所述的水平起降和垂直起降亚轨道可重复使用运载火箭的组合，还需要做进一步的解释。在下面几节中，我们将深入研究每种方式的独特属性，以及目前正在为每种方式开发的顶级设计概念。

3.1.1.1　亚轨道可重复使用运载火箭的水平起降

如表3.2所示，美国联邦航空管理局目前确定了三类（水平起降）亚轨道可重复使用运载火箭。每种概念都需要相似但并不相同的航天港基础设施来支持其运行，这主要是由于推进剂、燃料和氧化剂使用和储存方式不同，也是由于必须考虑航天港、自然环境、周围社区和空域的安全。截至本书撰写时，运载火箭可搭载高达1 698磅的有效载荷（United States Federal Aviation Administration Office of Commercial Space Transportation，2018），其中可能包括人员或补给品。

表3.2　联邦航空管理局水平起降可重复使用航天器概念比较

特性	X概念（见下文注释）	Y概念（见下文注释）	Z概念（见下文注释）
运载火箭/航天器构型	集成式	集成式	分离式；使用载机
水平起飞概念	喷气发动机/涡扇发动机，带单级入太空集成式火箭发动机	火箭动力；地面点火，飞行全过程中均具有火箭动力	火箭动力
水平降落概念	两种：滑翔或喷气动力	滑翔	载机利用喷气动力返回；航天器以无动力滑翔方式返回或为一次性

续表

特性	X 概念（见下文注释）	Y 概念（见下文注释）	Z 概念（见下文注释）
亚轨道或轨道轨迹。注：回想一下，"亚轨道"是指不足地球轨道一圈的轨迹	亚轨道	亚轨道	亚轨道或轨道

注：2005 年，在美国联邦航空管理局《再入飞行器水平发射和再入的最终计划环境影响声明》中，将 X 概念、Y 概念和 Z 概念分别命名为概念 1、概念 2 和概念 3。

资料来源：Gulliver 和 Finger，2010；美国联邦航空管理局，2005。

最受欢迎的水平起降运载火箭概念是 X 概念和 Z 概念，这两种概念对地面和空中的安全影响最小，它们的设计与其他现代飞机相同，均利用跑道在喷气动力下起飞。每种概念都包含装有高爆炸性推进剂的液体或固体火箭发动机，但两者构型明显不同。

在 X 概念中，亚轨道可重复使用运载火箭不使用载机；发动机和固体火箭发动机集成在飞行器内。起飞后，这一概念要求喷气发动机关闭，液体火箭发动机在大约 6 万英尺的高度（即比常规飞机目前的最大飞行高度高 2 万英尺）点火。喷气发动机关闭后，火箭动力将飞行器送入亚轨道，使其沿亚轨道轨迹运行。在推进剂耗尽或液体火箭发动机关闭的某个时刻，惯性会将飞行器带到轨迹上的远地点，在接近卡门线时让其处于 1~5 分钟的微重力状态。在适当的时候，固体火箭发动机将点火，使飞行器再入地球大气层，并滑翔到跑道上滑行停止降落或在喷气动力的作用下滑翔然后降落。需要强调的是，对于所有利用无动力滑翔返回的概念，必须有足够的跑道长度，才能支持利用滑行停止的滑翔飞行剖面。目前的估算表明，跑道长度要求为 1.2 万英尺（Gulliver 和 Finger，2010；United States Federal Aviation Administration Office of Commercial Space Transportation，2005）。

Z 概念对跑道的需求同 X 概念相似。Z 概念包含一台由火箭驱动的亚轨道可重复使用运载火箭，连接到一架由喷气发动机驱动的可重复使用载机上。航天器可以连接到载机顶部，由下侧机身驮运，也可以连接到双体载机的两个机身之间。在 Z 概念中，驮运有亚轨道可重复使用运载火箭的载机在喷气动力作用下从传统跑道上水平起飞。在特定高度位置，将亚轨道可重复使用运载火箭从载机上抛下，飞行器的火箭点火。在大约 6 万英尺的高度，火箭通常还会再次点火。当载机利用喷气动力返回并在跑道上水平降落时，火箭动力会将亚轨道可重复使用运载火箭送入亚轨道，使其沿亚轨道轨迹运行。

正如 X 概念一样，在推进剂完全耗尽或液体火箭发动机关闭时，惯性会将飞行器带到亚轨道轨迹远地点，让其处于 1~5 分钟的微重力状态。在适当的时候，固体火箭发动机将点火，使飞行器再入地球大气层，并以滑翔机的形式通过滑行停止返回（Gulliver 和 Finger，2010）。请注意，在我们撰写亚轨道运载火箭时，Z 概念可能包括从载机上释放的轨道飞行器。如果是这种情况，则从载机上发射的飞行器或航天器将爬升到指定轨道。曾经还有一种可能的概念，即采用拖曳构型，将航天器系在载机后部（Federal Aviation Administration，2005）。然而，这种拴系概念并未出现在如今流行的设计中。请注意，《美国联邦法规》第 401.5 节仍保留了对系绳的定义：

> 系绳系统是指将飞行中的运载火箭通过物理方式约束在距其发射点的特定范围内，以控制运载火箭危险的装置。系绳系统包括在拴系发射过程中承受载荷的所有部件，从系绳与飞行器的连接点到固体基座。

相比较而言，Y 概念是不太流行的概念，它与 X 概念和 Z 概念的差异在于：依靠火箭动力水平起飞。Y 概念既不像 X 概念那样利用喷气动力起飞，也不像 Z 概念那样采用载机起飞。基于这一概念的飞行器是以滑翔机的形式通过滑行停止来实现无动力返回的（Gulliver 和 Finger，2010；Federal Aviation Administration，2005）。尽管 XCOR 航空航天公司已申请破产（Space News，2017），但该公司还是根据此概念设计了"山猫"（Lynx）飞行器。在设计阶段，"山猫"预计需要 3 000 英尺的跑道来实现水平起飞。在撰写本书时，作者尚未发现任何设计为 Y 概念剖面的飞行器。

现在有几家商业公司正在开发 X 概念和 Z 概念设计。空中客车防务与航天公司正在开发的"太空飞机"（SpacePlane）就是基于 X 概念，目前仍处于早期设计阶段，于 2014 年利用缩小版完成了开发试验。在空天飞行器的设计概念中，飞机在涡扇发动机的驱动下从跑道上起飞，在大约 3.937 万英尺高度液体火箭发动机点火，在 80 秒内达到 19.7 万英尺的估算高度。正如对 X 概念的一般说明所言，火箭推进系统随后将关闭，使空天飞行器凭借自身惯性到达预定的远地点，到达卡门线。再入时，该亚轨道可重复使用运载火箭最初会以滑翔机形式飞行，但在大约 6.56 万英尺高度处，涡轮发动机将重新启动，从而以正常飞机的方式在跑道上降落（Howell，2014；Thisdell，2014）。这架空天飞行器目前的任务是载人旅行，搭载 4 名旅客（Howell，2014）。

Z概念具有两个典型例子，即分别由两家商业公司——维珍银河公司和平流层发射系统公司开发的系统。根据维珍银河公司的概念，"白骑士"双体飞机将携带亚轨道可重复使用运载火箭"太空船"2号在亚轨道轨迹上发射。"白骑士"将利用喷气动力返回，在传统的飞机跑道上降落，而"太空船"2号将以滑翔机的形式在跑道上通过滑行停止来返回。平流层发射系统公司的概念与此类似，但完成的任务不同，其双体载机将包含挂载的火箭。维珍银河公司的重点是旅客参与和点到点旅行，而平流层发射系统公司则侧重于使用火箭将卫星有效载荷部署到近地轨道（LEO）。飞机翼展为385英尺，将以传统方式水平起降。火箭将连接在两个机身之间的机翼下方。飞机将爬升至大约3.5万英尺的高度，火箭被投弃，然后火箭发动机点火，将火箭送入近地轨道，实施卫星部署（Gent，2018）。

从上面的讨论可以明显看出，这些飞行器概念的亚轨道可重复使用运载火箭再入和降落，既可以有动力，也可以无动力。截至目前的研究显示，对于水平降落的飞行器，尤其是必须采用轻型设计的小型亚轨道可重复使用运载火箭，通过滑行停止的无动力滑翔方法应用广泛。值得注意的是，对于这种方法可能对跑道造成的损坏，航空机构已表示关注，且正在进行分析。根据亚轨道可重复使用运载火箭的速度和设计，可增设降落伞或翼伞，以降低下降速度，还可能实现一定的可操纵性。这对有动力降落和无动力降落均适用。特别是对于较大的飞行器，出于安全考虑和为方便地使用跑道，首选利用喷气发动机动力的有动力返回（Federal Aviation Administration，2005）。

表3.3列出了目前美国境内针对水平亚轨道可重复使用运载火箭构型（发射）已成功获得场地运营商许可证的航天港。对于Y概念，在适当的情况下，许可证内容还包括降落。此外，目前美国联邦航空管理局正在审查轨道飞行器的水平降落许可证，如内华达山脉公司（SNC）的"追梦者"号（Dream Chaser）飞行器。对适宜于具体地理位置的适当构型进行了仔细规划，包括对空域和环境考虑事项予以深入分析。

表3.3　亚轨道可重复使用运载火箭构型与美国航天港场地运营商许可证持有者

亚轨道可重复使用运载火箭构型	美国航天港
X概念	• 塞西尔航空航天港（佛罗里达州杰克逊维尔） • 科罗拉多航空航天港（科罗拉多州丹佛市弗朗特山区）

亚轨道可重复使用运载火箭构型	美国航天港
Y 概念	• 米德兰航空航天港（得克萨斯州米德兰） • 莫哈韦航空航天港（加利福尼亚州莫哈韦） • 卡纳维拉尔角航天港航天飞机着陆设施（佛罗里达州卡纳维拉尔角）
Z 概念	• 塞西尔航天港（佛罗里达州杰克逊维尔） • 休斯敦航天港（得克萨斯州休斯敦） • 莫哈韦航空航天港（加利福尼亚州莫哈韦） • 卡纳维拉尔角航天港航天飞机着陆设施（佛罗里达州卡纳维拉尔角） • 美国航天港（新墨西哥州特鲁斯—康西昆西斯）

3.1.1.2 亚轨道可重复使用运载火箭垂直起降

目前，亚轨道可重复使用运载火箭的开发商正努力将可重用性发挥到极致，并最大限度地利用辅助发射和降落基础设施。因此，即使在同一系统中，也往往会出现多种起降方式与姿态的组合。与水平起降系统一样，垂直起飞概念的基础是连接到垂直运载发射器上的可重复使用运载火箭，或集成式运载火箭和发射器系统。降落通常采用有动力—无动力相结合的混合式部件单独返回形式，采用这样的形式是出于设计和安全考虑，例如蓝色起源公司的"新谢泼德"发射系统。该系统完全可重复使用，运载火箭通过垂直火箭降落返回地球，而航天器太空舱则在达到微重力后，利用降落伞进行无动力垂直降落（"新谢泼德"，www.blueorigin.com）。

相反，世界景观公司的"旅行者"号系统是携带吊舱的氦气气球，被美国联邦航空管理局归类为航天器。在垂直起降方法中，气球吊舱发射系统将上升到10万英尺，并在该高度巡航大约2小时。然后，飞行员将排出氦气并下降。气球和吊舱将分离，吊舱将利用可操纵的翼伞降落。气球本身也会下降并被回收。因此，这两个组件都可以重复使用。可以发射的地点包括佛罗里达州和亚利桑那州；但是，降落位置可能距离发射场300英里（Wall，2015）。

德国航空太空中心正在开发完全可重复使用的"太空班机"，这款高超声速有翼客机将用于洲际/超长距离（>9 000千米）航班的亚轨道点到点旅行，或用于轨道旅行。概念设计是采用垂直起飞/水平降落构型的两级可重复使用运载火箭。总体概念包括可重复使用的不载人助推器和载人级,准载50名旅客和2名机组人员（Sippel等,2005）。助推器将返回并水平降落（Luchkova等,2016）。大部分飞行过程将实现全自动化,由2名飞行员在飞机上监控所有程序和操作（Ros,2016；"太空班机",www.dlr.de）。

对于"太空班机",这个两级概念的第一个飞行阶段与任何垂直起飞的传统发射系统类似。在适当的时候,助推器级将分离（图3.4）,并利用动力开始返回发射场,而轨道飞行器级将继续飞行。在轨道飞行器级达到预定的亚轨道速度和高度后（Dietlein等,2013）,发出主发动机熄火命令,随后它将返回地球。"太空班机"主要用于点到点旅行,但也可用作可重复使用运载火箭,能将重型有效载荷送入轨道（Sippel等,2016）。

图3.4 "太空班机"各级分离

资料来源：德国航空太空中心,知识共享署名3.0（CC-BY 3.0）

3.1.2 轨道可重复使用运载火箭

如图3.5所示,美国航天飞机系统装有世界上第一架可重复使用的轨道航天器——"轨道飞行器",还装有可重复使用运载火箭关键部件,如固体火箭助推器（SRB）外壳。在美国航天飞机计划结束后,国家航天计划、商业航天公司和航空爱好者开始研究适宜于亚轨道和轨道应用的可重复使用运载火箭的其他概念和任务。吸取了航天飞机系统的经验教训并利用其设计,再结合从世界其他空间计划中获得的知识,空间爱好者和国家计划人士开始构思、设计、构建、测试和制造可重复使用运载火箭、航天器及其部件,用现在的新技术和能力推动概念和设计的进程。

图 3.5 "哥伦比亚"号航天飞机离开发射台

资料来源：NASA，1998

如表 3.4 所示，美国目前在轨道可重复使用发射系统开发方面居于领先地位，这得益于监管改革和商业航天业的后续发展。商业实体获得向国际空间站输送工作人员和货物的合同，因此焕发新生，加快了后续发展的步伐。太空探索技术公司和波音公司正与 NASA 合作开发工作人员运输舱和发射方法，而内华达山脉公司则在研究使用"追梦者"号航天飞机（图 3.6）进行货物运输。所有系统均垂直发射，但每个航天器返回地球的方式都不同。"追梦者"号的水平降落让人联想到美国航天飞机轨道飞行器，它将降落在肯尼迪航天中心（KSC）的航天飞机降落场，而太空探索技术公司和波音公司的飞行器则分别采用海上或陆地垂直降落。

中国也在开发代号为"腾云工程"的可重复使用轨道空天飞行器。水平起降空天飞行器将能够运载货物和旅客进入轨道。随着中国新空间站平行设计和开发工作的开展，空天飞行器的开发对运输物流颇具意义。此外，"长征"八号也在开发当中，计划实现部分可重用性（Nowakowski，2018；Aero - News Network，2018）。

表 3.4　开发中的完全可重复使用或部分可重复使用的轨道发射系统

国家	运营商/开发商	发射系统	起降航迹	载人/不载人	备注
美国	波音（为国防高级研究计划局开发）	"实验性太空飞机"（XS-1号），又称"幻影快车"	垂直起飞/水平降落	可重复使用；自动驾驶；不载人；将有效载荷送入近地轨道	有效载荷轨道任务
美国	波音公司	"CST 星际航线"（CST Starliner）太空舱	在运载装置太空发射器["宇宙神"5号（Atlas V）或其他一次性运载火箭]上垂直起飞。利用降落伞在陆地上垂直降落	载人；最多7名，或宇航员和货物的有效载荷组合	
美国	太空探索技术公司	"猎鹰"9号运载火箭，携载"载人龙"（Crew Dragon）飞船	第一级助推器和航天器垂直起降。太空探索技术公司目前正在研究第二级的可重用性。"载人龙"飞船将利用降落伞进行海面降落	可重复使用；载人或不载人	
美国	内华达山脉公司	"追梦者"号	概念1：在"宇宙神"5号或"阿丽亚娜"5号（Ariane 5）火箭等运载装置太空运载火箭上垂直起飞。概念2：从载机上进行空中发射。以滑翔机形式水平降落	概念1不载人；概念2载人。太空舱可容纳7名旅客	

续表

国家	运营商/开发商	发射系统	起降航迹	载人/不载人	备注
美国	联合发射联盟（ULA）	"火神"（Vulcan）	垂直起飞，可重复使用的第一级发动机垂直降落	不载人	
中国	中国航天科工集团有限公司（CASIC）	未知。空天飞行器（腾云工程）	水平起降	载人或不载人	
中国	中国航天科技集团有限公司	"长征"八号	垂直起降	不载人；可重复使用的第一级	

资料来源（本表主要使用前两项参考编制，其他参考为补充材料）：美国联邦航空管理局商业太空运输办公室，2018；太空基金会，2018；航空新闻网，2018；波音公司，2018；Nowakowski，2018；太空新闻日报，2018。

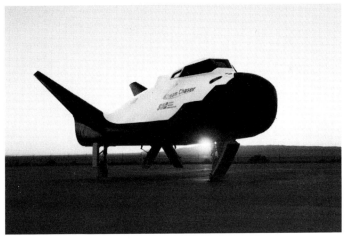

图 3.6 内华达山脉公司的"追梦者"号在加利福尼亚州进行试验

资料来源：NASA/Ken Ulbrich，2017

3.2 一次性运载火箭

一直以来，主流的一次性运载火箭都是将工作人员、货物以及卫星等其他有效载荷送入太空的主要工具。这些运载火箭包括俄罗斯的"联盟"号（Soyuz）火箭系列、欧洲空间局（ESA）的"阿丽亚娜"火箭、中国的"长征"系列火箭以及美国的"德尔塔"（Delta）和"宇宙神"火箭。为进军新的空间市场，随着航天工业继续向前发展，商业制造商和发射供应商将发挥更大的作用。

表3.5列出了目前全球一次性运载火箭项目，包括军民合作商业项目。各实体正推动部分一次性运载火箭的设计向组件的部分可重用性发展。总体来看，在一次性运载火箭及其变体中，美国26款；中国16款；俄罗斯11款；日本4款；印度3款；法国3款；西班牙2款；伊朗、以色列、朝鲜和英国各1款。它们大部分用于执行轨道任务，但部分火箭有亚轨道变体。图3.7至图3.15分别为法国["阿丽亚娜"5号和"织女星"号（Vega）]、印度[极轨卫星运载火箭（PSLV）]、日本（H-IIA）、俄罗斯（"联盟"号）和美国["安塔瑞斯"（Antares）、"宇宙神"5号、"德尔塔"、"猎鹰"9号]的火箭。

表3.5　全球一次性运载火箭列表

国家	飞行器	制造商	发射服务提供商	备注
中国	"快舟"一号/一号甲、"快舟"二号、"快舟"十一号	中国航天科工集团公司（CASIC）	航天科工火箭技术有限公司/中国人民解放军	轨道
中国	"长征"二号丙	上海航天技术研究院（SAST）	中国人民解放军/中国长城工业集团有限公司（CGWIC）	轨道
中国	"长征"二号F	中国运载火箭技术研究院（CALT）	中国人民解放军/中国国家航天局（CNSA）	轨道
中国	"长征"三号甲、"长征"三号乙	中国运载火箭技术研究院/上海航天技术研究院	中国人民解放军/中国长城工业集团有限公司	轨道
中国	"长征"三号	中国运载火箭技术研究院/上海航天技术研究院	中国人民解放军/中国国家航天局	轨道

第3章 运载火箭、推进系统和有效载荷——航天港基础设施的基础

续表

国家	飞行器	制造商	发射服务提供商	备注
中国	"长征"四号乙、"长征"四号丙	上海航天技术研究院	中国人民解放军/中国长城工业集团有限公司	轨道
中国	"长征"五号	中国运载火箭技术研究院	中国人民解放军/中国国家航天局/中国长城工业集团有限公司	轨道
中国	"长征"六号	上海航天技术研究院/中国运载火箭技术研究院	中国人民解放军/中国长城工业集团有限公司	轨道
中国	"长征"七号	中国运载火箭技术研究院	中国人民解放军/中国长城工业集团有限公司	轨道
中国	"长征"十一号	中国运载火箭技术研究院	中国人民解放军	轨道
中国	"新干线"一号	翎客航天公司	翎客航天公司	轨道
中国	OS-M1	零壹空间科技有限公司	零壹空间科技有限公司	OS-M1（轨道）；OS-XI（亚轨道）
法国	"阿丽亚娜"5号、"阿丽亚娜"6号	阿丽亚娜集团	阿丽亚娜航天公司	轨道
法国	"织女星"号	ELV SpA 公司	阿丽亚娜航天公司	轨道
印度	地球同步卫星运载火箭（GSLV）、地球同步卫星运载火箭3型号（LVM3）、极轨卫星运载火箭	ISRO	印度空间研究组织/安得利公司（Antrix）	轨道
伊朗	"信使"号（Safir）	伊朗航天局	伊朗航天局	轨道

续表

国家	飞行器	制造商	发射服务提供商	备注
以色列	"沙维特"2号(Shavit 2)	以色列航空工业公司(IAI)	以色列航天局/以色列国防军(IDF)	轨道
日本	"艾普斯龙"(Epsilon)	IHI公司	日本宇宙航空研究开发机构(JAXA)	轨道
日本	H-IIA/B、H3	三菱重工业股份有限公司(MHI)	三菱重工发射服务公司	轨道
日本	SS-520-5	佳能/日本宇宙航空研究开发机构	佳能/日本宇宙航空研究开发机构	SS-520-5(轨道);SS-520-4(亚轨道)
朝鲜	"银河"(Unha)	朝鲜国家宇宙开发局	朝鲜国家宇宙开发局	轨道
俄罗斯	"安加拉"1.2型(Angara 1.2)、"安加拉"A3型、"安加拉"A5型	赫鲁尼契夫国家航天研制中心	俄罗斯航空航天部队(VKS)/俄罗斯联邦航天局(Roscosmos)/国际发射服务公司(ILS)	轨道
俄罗斯	"第聂伯"(Dnepr)	乌克兰南方机械厂	Kosmotras国际宇航公司	轨道
俄罗斯	"质子—中型"(Proton Medium)	赫鲁尼契夫国家航天研制中心	俄罗斯航空航天部队/俄罗斯联邦航天局/国际发射服务公司	轨道
俄罗斯	"轰鸣"(Rockot)	赫鲁尼契夫国家航天研制中心	俄罗斯航空航天部队/欧洲呼啸公司(Eurockot)	轨道
俄罗斯	"联盟"—FG(Soyuz-FG)	JSC SRC Progress公司	俄罗斯航空航天部队/俄罗斯航天技术设备总公司(Glavkosmos)	轨道

第3章 运载火箭、推进系统和有效载荷——航天港基础设施的基础

续表

国家	飞行器	制造商	发射服务提供商	备注
俄罗斯	"联盟"-2.1a/b (Soyuz-2.1a/b)	JSC SRC Progress 公司	俄罗斯航空航天部队/阿丽亚娜航天公司/KS/GK发射服务公司	轨道
俄罗斯	"联盟"-2.1v (Soyuz-2.1v)、"联盟"-5号 (Soyuz-5)	JSC SRC Progress 公司	俄罗斯航空航天部队/GK发射服务公司	轨道
俄罗斯	"天顶" (Zenit)	乌克兰南方机械厂	俄罗斯航空航天部队/海上发射股份公司 (Sea Launch AG)	轨道
西班牙	"阿里翁"2号 (Arion 2)	PLD航天公司	PLD航天公司	轨道;"阿里翁"1号亚轨道
西班牙	"气球星" (Bloostar)	零至无限公司	零至无限公司	轨道
英国	"黑箭"2号 (Black Arrow 2)	地平线空间技术公司	地平线空间技术公司	轨道
美国	"阿尔法"1.0 (Alpha 1.0)	萤火虫航空航天公司	萤火虫航空航天公司	轨道
美国	"安塔瑞斯"号、"米诺陶"1号、4号、5号、6号、C型 (Minotaur I, IV, V, VI, -C)、"下一代发射系统" (NGL)、"飞马座XL"号 (Pegasus XL)	轨道ATK公司	轨道ATK公司	全轨道;但"米诺陶"4号Lite为亚轨道

续表

国家	飞行器	制造商	发射服务提供商	备注
美国	"宇宙神"5号	联合发射联盟（ULA）	联合发射联盟/洛克希德·马丁商业发射服务公司（LMCLS）	轨道
美国	Cab-3A	CubeCab公司	CubeCab公司	轨道
美国	"德尔塔"2号（Delta II）、"德尔塔"4号（Delta IV）、"火神"	联合发射联盟	联合发射联盟	轨道
美国	"电子"号（Electron）	火箭实验室（Rocket Lab）	火箭实验室	轨道
美国	"猎鹰"9号、"猎鹰"重型、"大猎鹰"（BFR）（部分可重复使用）	太空探索技术公司	太空探索技术公司	轨道
美国	"GO发射器"2号（GOLauncher 2）	时代轨道发射服务公司	时代轨道发射服务公司	轨道。参见可重复使用发射器下的注释
美国	"哈斯"2C（Haas 2C）	ARCA太空公司	ARCA太空公司	"哈斯"2C（轨道）；"哈斯"2B（Haas 2B）（亚轨道）
美国	"无畏"1号（Intrepid 1）	火箭工艺公司	火箭工艺公司	轨道
美国	"运载"一号（Launcher One）	维珍轨道公司	维珍轨道公司	轨道

续表

国家	飞行器	制造商	发射服务提供商	备注
美国	"新格伦"（New Glenn）（部分可重复使用）	蓝色起源	蓝色起源	轨道；第一种状态下可重复使用
美国	太空发射系统	波音公司/联合发射联盟/轨道ATK公司	NASA	轨道
美国	"矢量R"（Vector-R）、"矢量H"（Vector-H）（快速）	矢量公司	矢量公司	轨道

资料来源：太空基金会，2017；美国联邦航空管理局商业太空运输办公室，2018。

图3.7 转移至法属圭亚那发射区期间携载着"伽利略"（Galileo）卫星的"阿丽亚娜"5号

资料来源：欧洲空间局/Stephanie Corvaja，2016

图3.8 法属圭亚那库鲁"织女星"号火箭上的欧洲空间局"风神"卫星
资料来源:欧洲空间局/Stephanie Corvaja,2018

图3.9 印度空间研究组织的极轨卫星运载火箭(PSLV)
在印度萨迪什·达万航天中心发射
资料来源:NASA,2008

第3章 运载火箭、推进系统和有效载荷——航天港基础设施的基础 | 51

图3.10 日本种子岛宇宙中心1号发射台上的日本H-IIA火箭

资料来源：NASA/Bill Ingalls，2014

图3.11 法属圭亚那发射台上的"联盟"号VS01

资料来源：欧洲空间局/Stephanie Corvaja，2011

  这些传统的一次性运载火箭从世界各地的航天港垂直发射，主要用于执行政府任务。然而，现在太空探索技术公司、火箭实验室和CubeCab公司等商业公司均在开展商业任务和商业有效载荷（即卫星）发射。无论如何，目前的一次性运载火箭都需要发射台，如果是太空探索技术公司的一次性运载火箭，还需要足够大且能充分支持运行的着陆台。此外，如前所述，太空探索技术公司和蓝色起源公司都在不断提高火箭级和组件的可重用性。

图3.12 轨道ATK公司的"安塔瑞斯"号在NASA瓦罗普斯飞行研究所发射
资料来源：NASA/Bill Ingalls，2017

图3.13 位于卡纳维拉尔角空军基地41号航天发射综合体的联合发射联盟"宇宙神"5号
资料来源：NASA/Tony Gray和Sandra Joseph，2017

图 3.14 联合发射联盟的"德尔塔"火箭发射

资料来源：NASA，2017

图 3.15 太空探索技术公司"猎鹰"9 号在 40 号航天发射综合体发射升空

资料来源：NASA，2012

3.3 推进系统和推进剂

除了发射和返回构型（水平起飞、垂直起飞、水平降落和垂直降落）之外，推进系统的类型，包括燃料/推进剂/氧化剂类型，在航天港基础设施以及陆地和空中安全因素中起着重要作用。考虑到这一点，我们现在将注意力转向推进。

航空港对飞机航空燃料的储运驾轻就熟,特别是通用航空飞机使用的航空汽油(Avgas)、喷气燃料(JP-4、JP-5、JP-7、JP-8),大多数涡轮动力飞机使用的无铅煤油 Jet A-1,可能还包括火箭推进剂 RP-1(高纯度煤油)。这些燃料是烃类化合物/石油馏出物(汽油、石脑油、煤油和燃料油/粗柴油)。其他典型燃料有车用汽油(mogas)和车用柴油。需要注意的是,航空汽油属于汽油类,但喷气燃料和液态烃属于煤油类(Edwards,2003)。

大多数火箭推进系统都燃烧液体或固体推进剂。液体火箭发动机燃烧液体推进剂,而固体火箭发动机则燃烧固体推进剂。这些推进剂通常由燃料和氧化剂组成。对大多数航空港而言,氧化剂是新事物。值得注意的是,许多发射系统对不同的火箭级使用多种推进剂组合。例如,美国航天飞机使用了液态氢(LH_2)/液态氧(LOX)主发动机,其带有可拆卸式外挂推进剂储箱和固体火箭助推器,可将航天飞机送入轨道。

然而,航天飞机轨道飞行器使用可储存的肼/四氧化二氮推进剂,轨道飞行器的辅助动力装置(APU)使用肼单组元推进剂。此外,有些火箭使用混合动力发动机,既有固体推进剂,也有液体推进剂。

3.3.1 液体火箭发动机、固体火箭发动机和推进剂

由于各种原因,液体火箭发动机十分复杂,但我们在这里重点探讨的是发动机和推进剂的安全方面。液体火箭发动机的推进剂有双组元推进剂和单组元推进剂之分。双组元推进剂发动机使用点火器点火,燃烧液体燃料和液态氧的混合物。如为自燃发动机,则推进剂在相互接触时即可自燃。双组元推进剂发动机用于大多数运载火箭,而单组元推进剂发动机则更适用于在轨机动,原因是它需要的部件数量更少(重量更轻、更可靠),几乎可以保证燃烧。

单组元推进剂发动机使用无须氧化剂的液体燃料,并使用银网等催化剂点燃。通常,所用的推进剂是低温型,即液体温度达零下几百摄氏度。必要时,液体推进剂火箭可以节流和熄火,这是出于对航天港安全的考虑。表 3.6 列出了主要的液体推进剂系列:低温推进剂、煤油、有毒和无毒的可储存推进剂以及单组元推进剂。

燃烧液体推进剂的液体火箭发动机比固体火箭发动机要复杂和昂贵得多。固体火箭发动机的结构更加简单,造价更低廉,储存时间更长。20 世纪五六十年代,美国的固体火箭发动机已至臻完美,当时苏联也在开展类似研发活动。对于航天港来说,固体火箭发动机的重要优点包括密度高、体积小和储存寿命长,但它们采用瞬时点火,不能节流或熄火,因此安全性是一大问题

(www.astronautix.com)。

表3.6 主要液体推进剂系列（爱德华兹，2003，引文略有修改）

系列	示例	属性
低温	液态氢/液态氧	高性能
煤油（低温）	RP-1/液态氧	密度高；运输成本更低
可储存，有毒	四氧化二氮/肼	可储存，自燃（一触即燃）
可储存，无毒	煤油/过氧化物	可储存，相对无毒
单组元推进剂	肼	燃烧需要催化剂，但无须单独的燃料和氧化剂

固体推进剂将燃料和氧化剂嵌入橡胶混合物，其性能比可储存的液体推进剂稍低，并且必须在工厂内浇注到发动机中。因此，由于运输问题，可能需要限制推进剂的尺寸（如"德尔塔"和"阿丽亚娜"的捆绑式发动机），但有两种情况除外，第一种情况是分段浇注推进剂，并在发射场组装（如美国航天飞机）；第二种情况是在发射场附近的工厂浇注推进剂，这样运输距离不会太长（www.astronautix.com）。常用的固体推进剂包含聚丁二烯丙烯腈（PBAN）基高氯酸铵（作为氧化剂）、铝粉（作为燃料）和端羟基聚丁二烯（HTPB）。

3.3.2 常见推进剂、燃料和氧化剂

表3.7为当今世界范围内用于火箭的常见推进剂、燃料和氧化剂，包括液体和固体类型。液态氧是最常用的液体氧化剂；最常见的卫星推进剂是肼。

表3.7 常见燃料、氧化剂和推进剂

化合物	用途	注释
端羟基聚丁二烯（HTPB）	燃料	• 用于固体火箭发动机
肼（N_2H_4）	燃料或单组元推进剂	• 用作卫星位保发动机的单组元推进剂 • 可储存在防爆罐中 • 快速蒸发 • 有毒 • 最受轨道航天器青睐

续表

化合物	用途	注释
煤油	燃料	• 其他变体包括美国标准煤油火箭推进剂（RP-1）、俄罗斯煤油 T-1 和 RG-1，以及"Sintin"或合成煤油
液态甲烷（LCH_4）	燃料或单组元推进剂	
液态氢（LH_2）	燃料	• 极度低温且密度非常低，适合大型储罐 • 爆炸危险
液化天然气（LNG）	燃料	
一甲基肼（MMH）	燃料	• 可储存
偏二甲肼（UDMH） [$(CH_3)_2NNH_2$]	燃料	• 20 世纪 50 年代中期的首选可储存液体燃料 • 用于大多数可储存的液体火箭发动机，但美国的一些轨道机动发动机除外。在美国，一甲基肼（MMH）因密度和性能稍高而更受青睐
过氧化氢（H_2O_2）	氧化剂或单组元推进剂	• 密度相对较高，无毒 • 早期被弃用，但近期被美国空军重新投用
液态氧（LOX）	氧化剂	• 最早、最便宜、最安全，也是大型太空发射器的首选氧化剂 • 适度低温 • 由于其储存要求，因此不适合随时发射
液态一氧化二氮——"笑气"（N_2O）	氧化剂	• 混合动力火箭发动机的首选氧化剂 • 无害，可储存，并在 17℃时自动加压至 48 个大气压
硝酸（HNO_3） [又称白色发烟硝酸（WFNA）]	氧化剂	• 可储存 • 四氧化二氮是更好的氧化剂，可以储存，但硝酸至今仍在使用

续表

化合物	用途	注释
四氧化二氮（N_2O_4）	氧化剂	• 可储存
空气/煤油	推进剂	• 空气（氧化剂）被用来燃烧航空级煤油和商用级 JP-4 或 JP-5 燃料等
空气/液态氢（LH_2）	推进剂	• 拟用于环保或高速喷气发动机；混合推进可重复使用的单级入轨 • 液态氢（LH_2）（燃料）极度低温，密度极低，适合大型储罐
空气/液态氧/液态氢	三组元推进剂	• 在单级入轨变体中，空气在使用前可能被液化，随后发动机转换为纯火箭推进，使用机载液态氧（氧化剂）进行最后的入轨推进
过氧化氢/煤油	推进剂	• 高密度推进剂组合 • 可储存 • 无毒 • 因其可能与微量元素发生反应，储运时需小心 • 过氧化氢可以用作氧化剂或单组元推进剂
液态氧/煤油	推进剂	• 低温
液态氧/煤油/液态氢	推进剂	• 三组元发动机在推进阶段使用高密度煤油，然后在上升的后期使用低密度液态氢 • 推进剂储存在单独的储罐中 • 低温
液态氧/液态甲烷	推进剂	• 液态甲烷（LCH_4）比氢气储存时间更长、更容易，密度更高 • 俄罗斯拟使用。当前用于英国的"黑箭"、美国太空探索技术公司的"猛禽"、美国蓝色起源公司的"新格伦"和美国联合发射联盟的"火神"

续表

化合物	用途	注释
液态氧/液态氢	推进剂	• 历史悠久的常用推进剂 • 用于美国"半人马座"号（Centaur）和"土星"号（Saturn）火箭的上面级、美国航天飞机、欧洲"阿丽亚娜"5号和中国"长征"五号运载火箭 • 低温 • 用于美国、欧洲、印度和中国助推器的上面级 • 不用于任何俄罗斯太空发射器
液态氧/液化天然气	推进剂	• 比液态氧/煤油更清洁的推进剂组合
液态氧/固体	推进剂	• 固液混合推进系统使固体火箭具备可储存性，使液体火箭具备安全性和节流能力，并降低了成本 • 混合系统的固体燃料采用橡胶基质的形式。端羟基聚丁二烯（HTPB）是最常用的基质
液态一氧化二氮（N_2O）和丙烷（C_3H_8）	推进剂	• 拟作为载人航天器的可能推进剂组合
一氧化二氮/固体	推进剂	• 液态一氧化二氮是混合动力火箭发动机的首选氧化剂，因为它可以储存，并在17 ℃时自动加压至48个大气压 • 端羟基聚丁二烯（HTPB）或固体燃料和一氧化二氮的组合无害、无毒且无爆炸性
四氧化二氮/航空肼-50	推进剂	• 航空肼是肼和偏二甲肼的50/50混合物，用于美国的"泰坦"（Titan）导弹及其变体；也在俄罗斯使用
四氧化二氮/一甲基肼（MMH）	推进剂	• 一甲基肼的密度和性能稍高，在美国有时被用作偏二甲肼的首选替代品。常用于大型卫星

续表

化合物	用途	注释
四氧化二氮/ 偏二甲肼（UDMH）	推进剂	• 受美国和俄罗斯火箭青睐 一甲基肼的密度和性能稍高，在美国有时被用作偏二甲肼（燃料）的首选替代品 • 有时，一甲基肼可取代航空肼-50
硝酸（HNO_3）/固体	推进剂	• 潜在的混合式火箭组合，但出于安全考虑，首选腐蚀性较低的氧化剂（液态氧、一氧化二氮）
硝酸/偏二甲肼 （UDMH）	推进剂	• 目前，红色发烟硝酸（RFNA）作为氧化剂的用途有限，通常与燃料偏二甲肼混合使用
一氧化二氮/乙醇	推进剂	• 用于早期的火箭设计

资料来源：Astronautix，2018；Edwards，2003；联邦航空管理局商业太空运输办公室，2018。

3.3.3　各国使用的推进剂

截至目前的研究显示，各民族国家使用各式各样的推进剂。表3.8比较了各国最常用的推进剂类型，而图3.16、图3.17和图3.18分别突出显示了美国、俄罗斯和中国选用的推进剂。如今，美国大多数运载火箭都使用固体推进剂和液态氧/煤油。俄罗斯火箭主要使用四氧化二氮/偏二甲肼（UDMH）和液态氧/煤油，而中国则偏向于四氧化二氮/偏二甲肼，其次是固体推进剂。当然，这取决于当前任务所需的火箭级和助推器的数量。最后，一旦运载火箭制造商确定了满足其要求的可靠设计，他们通常会创建相同设计的可扩展版本。因此，太空探索技术公司在其"灰背隼"-1D（Merlin-1D）火箭发动机中使用液态氧/煤油，它还制造更大型的火箭，并通过增加"灰背隼"-1D发动机来满足更高的推进需求。这种标准化做法可以节省更多的时间和资金。

表 3.8 各国常用推进剂类型

国家	固体	四氧化二氮/硝酸	四氧化二氮/偏二甲肼	液态氧/液态甲烷	液态氧/液态氢	液态氧/煤油	偏二甲肼	红色发烟硝酸/偏二甲肼	液态氧/甲烷	煤油	混合型	液态氧/丙烯	过氧化氢/煤油	肼	H_2O_4/航空肼-50
中国	X		X		X	X									
法国	X		X	X	X								X		
印度	X		X												
伊朗	X				X										
以色列	X														
日本			X			X		X							
朝鲜						X	X								
俄罗斯						X									
西班牙		X													
英国									X					X	
美国	X				X				X	X	X	X		X	X

第3章 运载火箭、推进系统和有效载荷——航天港基础设施的基础

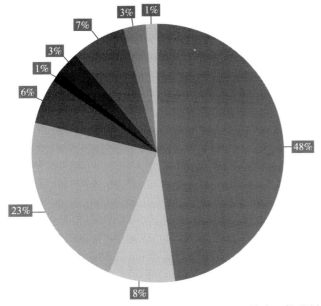

图3.16 美国使用的常见推进剂

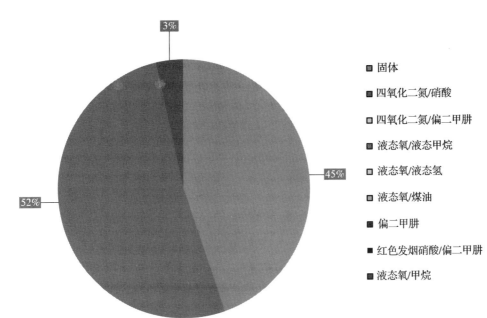

图3.17 俄罗斯使用的常见推进剂

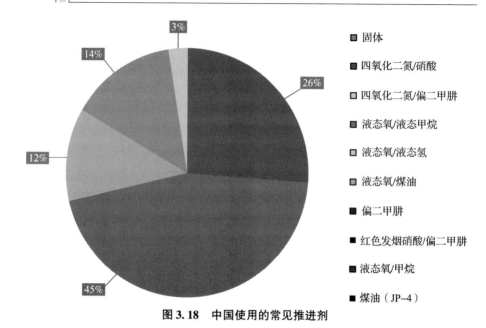

图 3.18 中国使用的常见推进剂

3.3.4 推进剂的发展

降低发射成本是许多运营商最先考虑的问题。改进推进剂的目的是提高单级入轨和两级入轨应用的性能。当然，使用载机降低了发射成本，部分原因是使用了当今航空港普遍使用的标准燃料。对绿色燃料的进一步研发正在取得进展，特别是在卫星方面。AF－M315E 是波尔航空航天公司（Ball Aerospace）正在开发的硝酸羟胺推进剂混合物，用于替代肼（Button，2017）。瑞典正在开发绿色推进剂二硝酰胺铵，人们认为它的危险程度高于 AF－M315E，但造价低于肼（Whitmore 和 Bulcher，2017）。最后，供卫星在轨道上使用的电力推进系统也正处于开发阶段。随着这些系统日益普及，对航天港的卫星推进剂储存需求会越来越低。

尽管推进剂在不断发展，但它们显然都各不相同，这种差异既体现在可储存性上，也体现在储存方式上。无论是现在还是未来，航空航天港都需要调整和改造其基础设施，它不仅要能储存传统的航空和喷气燃料，还要能储存具有独特要求的推进剂。

3.4 有效载荷

如前所述，有效载荷是运载火箭所携载的荷重，属于运载火箭所执行任务的一部分,而非其运行结构的一部分。换言之,它是货物的"有酬负载"部分。它可以是生物(人、植物、动物和昆虫等),也可以是非生物(补给品、卫星和航天器等)。

现在,几乎所有发射都是为了在各种地球轨道上部署卫星,用于通信、遥感/成像和科学实验,例如与探空火箭和其他较大发射系统及航天器有关的实验。此外,用于国际空间站货物运送和宇航员往返运输的发射相当频繁。越来越多的国家正在加大力度开展太空活动,以发射和有效载荷作为支撑[这类活动有中国空间站的组件建造、(印度)反卫星导弹试验等一系列试验,以及(以色列)航天器登月等]。

在商业上,有一小部分有效载荷显得与众不同,它们原本就设计成了一次性有效载荷,以虑及在发射或部署期间可能发生的异常。最为引人注目的有效载荷莫过于太空探索技术公司"猎鹰"重型运载火箭发射升空时首次携载的一辆特斯拉电动跑车(图3.19)。"猎鹰"重型运载火箭完成了它的首航,将有效载荷成功部署到太空。

图 3.19　太空探索技术公司的"猎鹰"重型运载火箭载有一辆特斯拉电动跑车(有效载荷)

资料来源:NASA,2017

运载火箭的设计初衷是运载各种质量的有效载荷。通过增加火箭级数和助推器数量,提升能够达到的推力,发射器的发射能力和可承载的重量就能得以提高。例如,图3.20为联合发射联盟(ULA)的"德尔塔"2号火箭,它正准备从美国范登堡空军基地2号航天发射综合体发射升空。一般情况下,有效载荷(卫星)装在主级火箭顶部的整流罩内。较小的助推器环绕在主级底部。"德尔塔"2号能够向近地轨道运载1.3万磅有效载荷("德尔塔"2号，United Launch Alliance LLC，2019a）。相比之下，"德尔塔"4号（图3.21）体积更大，可以将6.2548万磅有效载荷带到近地轨道（"德尔塔"4号，United Launch Alliance LLC，2019b）。同样，有效载荷装在主级火箭顶部的整流罩内。

图3.20　联合发射联盟的"德尔塔"2号火箭

资料来源：NASA，2017

图3.21　联合发射联盟的"德尔塔"4号火箭

资料来源：NASA，2018

由于成本和性能高度依赖于重量，因此许多发射提供商在整流罩中提供了额外空间，以携载二级有效载荷，在每次发射中增加收入来源。即使是政府资助的发射，"背负式"构型也考虑了二级有效载荷。图3.22为NASA太空发射系统（SLS）的基本图解，对二级有效载荷背后的概念进行了阐释。一级有效载荷，即"猎户座"（Orion）载人飞船，位于核心火箭级上方，而用于装设立方星（CubeSat）的二级有效载荷区域位于乘员舱上方。值得注意的是，目前常用的有效载荷立方星是一类用于研究的航天器，称为纳米卫星。立方星按照10厘米×10厘米×10厘米的标准尺寸（一个单位，简写为"U"）制造，其尺寸可以为1U、2U、3U或6U。通常每个单位重量不到1.33千克（NASA，2018）。

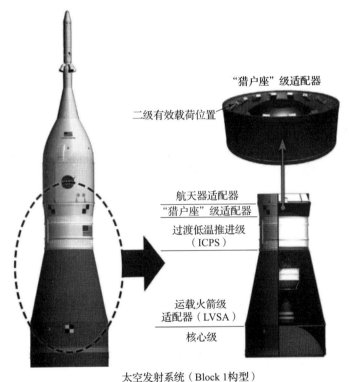

图3.22　带有二级有效载荷位置的太空发射系统

资料来源：NASA

图3.23和图3.24分别显示了以一个单元（1U）形式或作为纳米架的一部分部署到太空的立方星。

对于航天港而言，显然必须考虑所携带有效载荷的类型（生物和非生物），针对两种类型，都需要从基础设施和运行方面进行考虑。在下一章，我们将更加深入地探讨有效载荷以及更重要的运载火箭及其推进系统是如何驱动这些因素的。

图 3.23　作为单个单元部署的立方星

资料来源:NASA,2018

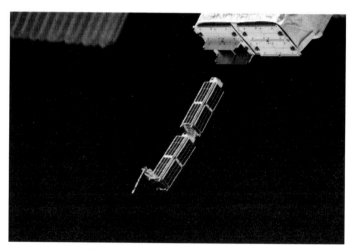

图 3.24　部署在纳米架上的立方星

资料来源:NASA,2017

注释

① 1 磅 = 0.453 6 千克。(编者注)
② 1 英里 = 1.609 千米。(编者注)
③ 1 公里 = 1 000 米。(编者注)

参考文献

[1] Aero – News Network. (2018). Generation Orbit Closer to Launch from Cecil Field in Florida. Available at: www. aero – news. net/index. cfm? do = main. textpost&id = 74caf57c – 17a8 – 4606 – 8664 – d5457719431a(Accessed: 2 May 2018).

[2] Airbus. (2014). Tests Completed for Airbus Defence and Space's SpacePlane Demonstrator in South China Sea, Airbus. Available at: www. airbus. com/newsroom/press – releases/en/2014/06/tests – completed – for – airbus – defence – and – spaces – spaceplane – demonstrator – in – south – china – sea. html(Accessed: 2 May 2018).

[3] Astronautix. (2018). Encyclopedia Astronautica, Propellants. Available at: www. astronau tix. com/s/solid. html(Accessed: 14 June 2018).

[4] Blue Origin. (2018). 'New Shepard'. Available at: www. dev. blueorigin. com/new – shepard(Accessed: 22 June 2018).

[5] Boeing. (2018). 'Going Beyond Earth.' Available at: https://watchusfly. com/innovation/Accessed: 22 June 2018).

[6] Button, K. (2017). 'Green Propellant.' Aerospace America. Available at: https://aerospaceamerica. aiaa. org/features/green – propellant/(Accessed: 2 August 2018).

[7] Clark, S. (2017). 'Boeing, DARPA to base XS – 1 Spaceplane at Cape Canaveral: Spaceflight Now'. Available at: https://spaceflightnow. com/2017/06/13/boeing – darpa – to – base – xs – 1 – spaceplane – at – cape – canaveral/(Accessed: 2 May 2018).

[8] DARPA. (2017). 'DARPA Picks Design for Next – Generation Spaceplane.' Available at: www. darpa. mil/news – events/2017 – 05 – 24(Accessed: 2 June 2018).

[9] Dietlein, I., Schwanekamp, T, and Kopp, A. (2013). 'Trim Requirements and Impact on Wing Design for the High – Speed Passenger Transport Concept SpaceLiner,' Proceedings of the Institution of Mechanical Engineers, Part G: Journal of Aerospace Engineering, Vol. 227, No. 11, pp. 1811 – 1826.

[10] DLR. Institute of Space Systems: SpaceLiner. Available at: www. dlr. de/irs/

en/desktopde fault. aspx/tabid - 11303/(Accessed:21 May 2018).

[11] Edwards,T. (2003). 'Liquid Fuels and Propellants for Aerospace Propulsion: 1903 - 2003,' Journal of Propulsion Power, Vol. 19, No. 6, pp. 1089 - 1107.

[12] Gent, E. (2018). 'World's Biggest Plane, Stratolaunch, Marks Another Key Milestone.' www. nbcnews. com/Web site. Available at: www. nbcnews. com/mach/science/world - s - biggest - plane - stratolaunch - marks - another - key - milestone - ncna851556.

[13] Gulliver, B. and Finger, G. W. (2010). 'Can Your Airport Become a Spaceport? The Benefits of a Spaceport Development Plan.' In: 48th AIAA aerospace sciences meeting including the new horizons forum and aerospace exposition. American Institute of Aeronautics and Astronautics.

[14] Harvard - Smithsonian Center for Astrophysics. (2008). Chandra X - Ray Observatory: Q&A: General Astronomy and Space Science. Available at: http://chandra. harvard. edu/resources/faq/astrophysics/astrophysics - 19. html(Accessed:6 June 2018).

[15] Howell, E. (2014). 'Spaceplane: Suborbital Vehicle for Space Tourism & Science.' [Online] Available at: www. space. com/32373 - spaceplane. html (Accessed:22 May 2018).

[16] Jenner, L. (2015) 'Sounding Rockets Overview,' NASA. Available at: www. nasa. gov/mission_pages/sounding - rockets/missions/index. html (Accessed: 22 May 2018).

[17] Luchkova,T. ,Kaltenhäuser,S. ,and Morlang, F. (2016). 'Air Traffic Impact Analysis Design for a Suborbital Point - To - Point Passenger Transport Concept.' Embry - Riddle Aeronautical University 3rd Annual Space Traffic Management Conference, Daytona Beach, FL.

[18] Marconi, E. M. (2004). 'What is a Sounding Rocket?' For NASA's John F. Kennedy Space Center and Wallops Flight Facility. Available at: www. nasa. gov/missions/research/f_sounding. html(Accessed: 21 May 2018).

[19] McCoy, J. F. ed. (2012). Space Sciences (2nd ed.). Detroit, MI: Macmillan Reference U. S.

[20] Merriam - Webster Dictionary. (2019). Available at: www. merriam - webster. com/dictionary/.

[21] NASA. (1978). A New Dimension: Wallops Island Flight Test Range: The

First Fifteen Years. Reference Publication 1028. Washington, DC: Joseph A. Shortal(author).

[22] NASA. (2018). 'CubeSats Overview.' Available at: www.nasa.gov/mission_pages/cube sats/overview(Accessed: 3 September 2019).

[23] NASA. (2018). 'What Is a Space Probe?.' Available at: www.nasa.gov/centers/jpl/education/spaceprobe-20100225.html (Accessed: 2 May 2018).

[24] Nowakowski,T. (2018). 'China Developing a Reusable Launch Vehicle,' SpaceFlight Insider, 6 May. Available at: www.spaceflightinsider.com/organizations/china-national-space-administration/china-developing-a-reusable-launch-vehicle/(Accessed:2 June 2018).

[25] Ogawa,H. et al. (2016). 'Reusable Sounding Rocket,' International Journal of Microgravity Scientific Application,Vol. 33,No. 3,pp. 1-5.

[26] PLD Space. (2018). Available at: http://pldspace.com/new/(Accessed: 2 May 2018).

[27] Ros,M. (2016). 'Space Tech Meets Aviation: The Hypersonic Revolution,' CNN Travel [Online], Available at: www.cnn.com/travel/article/spaceliner-mach-25/index.html(Accessed: 22 May 2018).

[28] Sippel,M., Klevanski,J., and Steelant,J. (2005). 'Comparative Study on Options for High-Speed Intercontinental Passenger Transports: Air-Breathing-vs. Rocket-Propelled,' In: 56th International Astronautical Congress of the International Astronautical Federation, the International Academy of Astronautics, and the International Institute of Space Law. Fukuoka,Japan: American Institute of Aeronautics and Astronautics,doi: 10.2514/6.IAC-05-D2.4.09.

[29] Sippel,M., Trivailo,O., Bussler,L., Lipp,S., Valluchi,C., Kaltenhäuser,S.,and Molina,R. (2016). 'Evolution of the SpaceLiner towards a Reusable TSTO-Launcher,IAC-16-D2.4.03,' In: 67th International Astronautical Congress,Guadalajara,Mexico,September 2016.

[30] Space Foundation. (2017). The Space Report: The Authoritative Guide to Global Space Activity. Colorado Springs,CO: Space Foundation.

[31] Space Foundation. (2018). The Space Report: The Authoritative Guide to Global Space Activity. Colorado Springs,CO: Space Foundation.

[32] Space Daily. (2018). 'China Plans to Develop a Multipurpose, Reusable Space Plane,' Space Daily. Available at: www.spacedaily.com/reports/China_plans_to_develop_a_multipurpose_reusable_space_plane_999.html (Accessed: 2 May 2018).

[33] SpaceNews. (2017). 'XCOR Aerospace Files for Bankruptcy,' SpaceNews.com. Available at: https://spacenews.com/xcor-aerospace-files-for-bankruptcy/ (Accessed: 2 May 2019).

[34] Thisdell, D. (2014). 'Airbus Spaceplane Concept Aces 3,000ft Drop Test.' Available at: Flight global.com.

[35] Tian, B., Fan, W., Su, R., and Zong, Q. (2015). 'Real-Time Trajectory and Attitude Coordination Control for Reusable Launch Vehicle in Reentry Phase,' IEEE Transactions on Industrial Electronics, Vol. 62, No. 3, pp. 1639-1650. doi: 10.1109/TIE.2014.2341553.

[36] United Launch Alliance LLC. (2019a). Delta II. Available at: www.ulalaunch.com/rockets/delta-ii (Accessed: 7 June 2019).

[37] United Launch Alliance LLC. (2019b). Delta IV. Available at: www.ulalaunch.com/rockets/delta-iv (Accessed: 7 June 2019).

[38] United States. Code of Federal Regulations, Title 14 Aeronautics and Space; Volume 4, Chapter III, Part 405.1, Definitions. Available at: www.ecfr.gov/cgi-bin/text-idx?SID=68fecdc5c85d713c638cf58bed2a31d8&mc=true&node=ptl4.4.401&rgn=div5 (Accessed: 24 May 2019).

[39] United States Federal Aviation Administration. (2005). Final Programmatic Environmental Impact Statement for Horizontal Launch and Reentry of Reentry Vehicles. Department of Transportation Federal Aviation Administration, Office of Commercial Space Transportation.

[40] United States Federal Aviation Administration Office of Commercial Space Transportation. (2005). 'Final Programmatic Environmental Impact Statement for Horizontal Launch and Reentry of Reentry Vehicles'. Available at: www.faa.gov/about/office_org/headquarters_of fices/ast/licenses_permits/media/Final_FAA_PEIS_Dec_05.pdf (Accessed: 8 July 2018).

[41] United States Federal Aviation Administration Office of Commercial Space Transportation. (2018). The Annual Compendium of Commercial Space Transportation: 2018. Washington, DC: United States Federal Aviation

Administration.

[42] United States NASA Jet Propulsion Laboratory. (2018). 'Voyager: Mission Overview.' Voy – ager. jpl. nasa. gov. Available at: voyager. jpl. nasa. gov/mission/. www. nasa. gov/centers/jpl/education/spaceprobe – 20100225. html.

[43] Wall, M. (2015). 'World View's Balloon – based Space Tourism to Lift Off in 2017,' Space, com. Available at: www. space. com/30750 – world – view – space – tourism – balloon – flights. html (Accessed: 7 June 2018).

[44] Whitfield, B. (2014). 'Dream Chaser Teams with Stratolaunch to Carry People into Space in Flying.' Available at: www. flyingmag. com/aircraft/dream – chaser – teams – stratolaunch – carry – people – space (Accessed: 2 June 2018).

[45] Whitmore, S. A. and Butcher, A. M. (2017). 'Vacuum Test of a Novel Green – Propellant Thruster for Small Spacecraft,' In: 53rd AIAA/SAE/ASEE Joint Propulsion Conference. 53rd AIAA/SAE/ASEE Joint Propulsion Conference, Atlanta, GA: American Institute of Aeronautics and Astronautics. doi: 10. 2514/6. 2017 – 5044.

第4章　航天港基础设施和运行

在考虑商业太空活动对航天港基础设施和运行的影响时，必须考虑以下主要动因：运载火箭、推进剂和有效载荷，以及为上述要素提供支持的所有方面。在前一章，我们介绍了这些主要动因，以及基础设施要求。本章将更加深入地探讨航天港基础设施和运行需求的细节，以及能够解释个中缘由的基本原理和调查分析。

基础设施必须提供亚轨道和轨道运载火箭发射所需的一次性和可重复使用部件和系统，做好各种有效载荷的处理和整合，考虑飞行器以及固体火箭助推器（SRB）舱等可重复使用部件的返回，还必须能对各种部件和子系统进行现场清洁和整修，并执行所有相关的运行，包括发射和任务控制。此外，飞行员、机组人员、航天港员工以及旅客和宇航员方面等人为因素也必须予以考虑。还必须兼顾额外的安全性、安保性和舒适性。

空间系统和相应活动的要求繁杂多样，包括平台之间可能各不相同的物理特性和运行特性，例如不同的燃料和推进剂需求，以及不同的发射和降落程序和过程等，具体取决于平台的设计。此外，发射是为了执行各种任务，尤其是卫星部署、国际空间站（ISS）货物运输和科学研究。在不久的将来，发射还会用于太空旅行、太空采矿以及飞往月球、火星和其他天体的目的地飞行，这将导致情况更加复杂。

无论是设计，还是任务和目的地因素，对航天港的启示都包含建设多式联运通道。在这个方面，铁路、水路、公路、航空和航天运输基础设施是决定航天港成败的关键。关于这一点，本章将对多式联运航天港的要求进行概述。首先，我们将探讨航天港的要素流，然后探讨美国航天飞机及其基础设施的要求和意义，最后对航空港与航天港术语进行对比，并有选择性地通过细节概述对航空航天港的要求。

4.1　航天港的关键要素

如上所述，发射场基础设施需求会根据运载火箭、推进系统、有效载荷和任务的类型而变化。理想情况下，多用户、多用途航天港将能容纳各种可重复使用以及一次性的亚轨道和轨道运载火箭、不同的发射构型、不同的技术和支持系统等。然而，随着国内外航天港网络不断扩大，这种做法或不切实际，或毫无必要。过去，发射综合体往往都被设计和建造成可以容纳某一特定的运载火箭或某一系列的运载火箭，而现在情况依然如此，而且它们都不易改造。例如，图4.1显示了佛罗里达州卡纳维拉尔角空军基地（CCAFS）的"导弹列"。虽然照片摄于1964年，但图中的发射台是为当时的特定项目开发的。尽管现在移动发射平台（MLP）实现了一定的灵活性，但许多发射台的设计/改造仍然会考虑容纳某一类运载火箭。

图4.1　1964年卡纳维拉尔角空军基地"导弹列"鸟瞰图

资料来源：NASA/肯尼迪航天中心，1964

跑道和滑行道等航空港基础设施根据其能够安全容纳的飞机类型而有所不同。同样，航天港商业模式可能会把重点放在要容纳的飞行器、航天器和有效载荷的类型上。因此，现已建成或正在开发的航天港各式各样，每座航天港都为特定的产业部门服务。

图4.2重点显示了航天港关键要素的基本流程和基本处理流程，最终步骤是让飞行器和有效载荷的发射准备就绪。无论运载火箭设计成水平起飞还是垂直起飞，航天港的要素和处理流程在概念上并无二致。（注意，这一基本线路图并未涵盖所有的航空/航天港活动，例如与返回飞行器有关的活动。本章将在稍后部分更加全面地进行阐述。）火箭级或部件通过公路、铁路、航空或水路运抵航天港，具体采用哪种交通方式取决于其复杂性、尺寸和易燃性，

一切以安全为上。氦气和氮气等压缩气体可通过管道输送到航天港,并输送到港内的各个位置,或者运输到环境受控容器中使用和储存。储存和加注推进剂、燃料和氧化剂时必须小心谨慎。部件和人员处理需使用安全设施。零件和设备等需要储存和预处理厂房。必须修建飞行器和有效载荷处理厂房,以确保随时能够将其整合为完整的系统,即带有或不带固体火箭助推器和整流罩的运载火箭(携载集成式有效载荷,如卫星或其他航天器)。对于大型部件或存在安全隐患的物件,需执行适时生产计划。

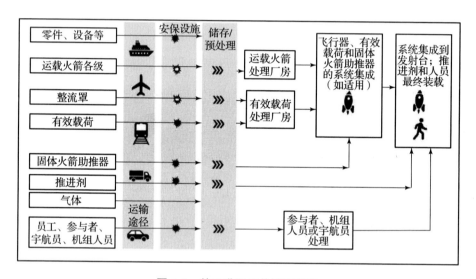

图 4.2　航天港通用关键要素流

4.2　美国航天飞机:案例研究

为了理解图4.2的各种要素并提供更详尽的说明,我们将以美国航天飞机为例,探讨相关基础设施和运行需求。在这个过程中,我们将澄清并解析航天港的要素、关键运行活动及其必要性背后的原因。目前,各商业实体正在对美国航天飞机以及NASA和美国各地空军基地的旧发射场进行改造,以用于新用途。某种程度上,他们还吸取了世界各地旧有的航天港的经验教训,建造新的私营发射综合体。在这方面,美国航天飞机系统就是一个典范。通过这个案例,我们可以探索当今和未来航天港的基础设施要求。

按照NASA的定义,航天飞机是由三个主要部件组成的系统:容纳机组人员和有效载荷的可重复使用轨道飞行器、盛装主发动机液态氧(LOX)和液态氢（LH_2）的一次性外部燃料箱，以及两台可重复使用的固体火箭助推器，如图4.3所示。因此，航天飞机是可重复使用部件和一次性部件的结合体，可以让火箭点火垂直起飞，让轨道飞行器水平滑翔降落，还可以让固体火箭助推器外框在水上降落。更具体地说，在发射升空后，一次性外部燃料箱中的燃料在再入过程中燃烧，可重复使用的轨道飞行器以滑翔机的形式返回，水平降落在肯尼迪航天中心（KSC）NASA的航天飞机着陆设施（SLF）跑道上（NASA，2012）。可重复使用的固体火箭助推器在飞行的前2分钟提供大部分的起飞推力，并在大西洋上进行水上伞降，从而返回地球（NASA，2006）。

图4.3　美国航天飞机

资料来源：NASA，2011（略有修改）

航天飞机系统复杂，需要实施各种不同的运行活动，需要修建各种有效载荷、燃料和推进剂处理和储存厂房，需要对航天飞机部件和子系统进行独特的集成，需要对这些系统、机制以及航天港进出和内部人流采取不同的运输方式等。虽然航天飞机已经退役，但如前所述，现在的许多飞行器和航天器都是在它的基础上设计而成的。因此，正是通过航天飞机，我们才得以了解在"集成—发射—返回—重新发射"的过程中,基础设施和运行需求背后的复杂性。

4.2.1　美国航天飞机的政府职责和主要承包商

航天飞机由 NASA 分布于全国,尤其是佛罗里达州、得克萨斯州、亚拉巴马州、密西西比州和马里兰州的各家实体负责,其主承包商同样遍布全国。由于职责分散,各实体对厂房和基础设施的要求各不相同。因此,有必要对 NASA 和主要承包商之间的职责划分进行简要讨论,详情请见表 4.1。

表 4.1　NASA 实体与职责及相应的基础设施和厂房（NASA,2000）

NASA 实体与职责	基础设施和厂房
约翰·肯尼迪航天中心（佛罗里达州卡纳维拉尔角）：航天飞机集成、有效载荷集成、发射、降落与处理	• 轨道飞行器处理厂房（OPF）以及改造和整修厂房 • 物流厂房 • 航天器装配大楼（VAB） • 外部燃料箱处理厂房和发动机车间 • 固体火箭助推器处理厂房 • 自燃燃料维修检测厂房（HMCF） • 轨道飞行器对接和航天飞机载机试验系统 • 移动发射平台（MLP） • 发射综合体（LC）39A 和 39B,具有固定勤务塔（FSS）、旋转勤务塔（RSS）、噪声抑制水系统、氢燃烧系统、火焰偏转系统、推进剂储罐和分配系统 • 有效载荷处理厂房 • 卡纳维拉尔角空军基地（CCAFS）的处理厂房 • 放射性同位素热电机仓库 • 垂直处理厂房 • 有效载荷危险检修厂房 • 垂直处理/集成运行系统 • 水平货物处理厂房 • 小型独立式有效载荷处理设施

续表

NASA实体与职责	基础设施和厂房
	• 特殊有效载荷处理厂房 • 发射控制中心（LCC） • 发射处理系统 • 发射前推进剂装填系统 • 固体火箭助推器回收、拆卸和整修以及降落伞整修厂房 • 航天飞机着陆设施 • 牵引车
林登·约翰逊航天中心（得克萨斯州休斯敦）：任务控制、训练、试验	• 任务控制中心（MCC），包括飞行控制室和多功能保障厅 • 有效载荷运行控制中心 • 培训与试验楼
乔治·马歇尔太空飞行中心（亚拉巴马州亨茨维尔）：有效载荷运行控制中心、太空实验室训练	• 有效载荷运行控制中心 • 太空实验室培训楼
国家空间技术实验室（密西西比州汉考克县）：试验	• 主推进系统和航天飞机主发动机点火试验厂房
戈达德太空飞行中心（马里兰州绿带城）：太空飞行和跟踪	• 太空飞行跟踪和数据网络运行、维护和控制大楼

在主承包商方面，轨道飞行器由加利福尼亚州唐尼的罗克韦尔国际公司（Rockwell International）设计并制造；固体火箭助推器由犹他州［莫顿聚硫橡胶化学公司（Morton Thiokol Chemical Corp）］和亚拉巴马州［联合太空助推器有限公司（United Space Boosters, Inc.）］的几家美国承包商制造；外部燃料箱由马丁·玛丽埃塔公司（Martin Marietta Corporation）（现洛克希德·马丁公司）制造，生产地是路易斯安那州新奥尔良附近的NASA米丘德装配厂；主发动机由同样位于加利福尼亚州的罗克韦尔国际公司生产。所有这些部件都要以部分或整体的形式运输到肯尼迪航天中心进行最后装配，并集成到整个航天飞机系统中。

了解上述信息具有重要意义，具体体现在以下几个方面：

（1）部件制造、试验、集成、有效载荷处理、飞行器发射和返回、宇航员培训、宇航员飞行前后处理和任务控制所在地等并非全都位于同一地点。

这与航空业的情况类似，但值得一提。随着太空运输和旅行从军事和政府领域向私营部门过渡，我们必须退一步来思考，甚至审视基本要求，以便彻底理解这些要求所带来的启示。

（2）一座完备齐全的航天港包括部件和有效载荷的集成、发射和任务控制、运载火箭和航天器返回、维护、维修和试验，因此这些不同的厂房缺一不可。然而，从航天飞机的案例中就能清楚地认识到，这些厂房无须位于同一地点。为何某些活动需要分开进行，原因有很多，其中一项就是出于对发射和任务控制的安保和安全考虑，那为何某些活动又需要放在同一地点执行，这也考虑了诸多因素，比如成本、物流和运行控制等因素。

（3）对于NASA和世界各地的其他类似实体而言，建设具备多式联运往返通道和内部通道的航天港是成功的关键。当然，这包括人员和部件运输道路。但是，这个复杂系统的所有硬件组件都是通过公路、铁路、水路或航空，或以上运输方式的组合形式运输到肯尼迪航天中心和南卡纳维拉尔角空军基地的（NASA，2000）。此外，返回的部件，可能还包括通过水上降落返回的宇航员，都需要分别通过水路、航空、公路和铁路运往发射后处理和清洁设施或医疗设施所在地。

图4.4为2015年地图，其详细显示了肯尼迪航天中心和卡纳维拉尔角空军基地（肯尼迪航天中心东南部），以及南部卡纳维拉尔港的边界。该港口连通河流与大西洋，因此部件可通过水路运输。图中还突出显示了曾用于航天飞机的发射台39A和发射台39B，以及连接装配大楼和发射台的慢速道。具体而言，发射台39B位于地图右上角，用黑色粗体小圆圈标识，它是NASA为实施"太空发射系统"（SLS）计划所规划的发射台。太空探索技术公司租用发射台39A，位于发射台39B的正东南方。39号发射综合体区域用较大的黑色粗体圆圈标识，航天器装配大楼（VAB）位于该区域。39号发射综合体区域、发射台39A和发射台39B这三个区域之间，用慢速道连接。图中显示了航天飞机降落场和牵引道，在地图左上角的矩形框范围内；以及铁路线、公路和气态氮的供应商气源，通过管道输送到肯尼迪航天中心和卡纳维拉尔角空军基地。此外，地图中还包含野生动物保护区和国家海滨公园。我们在梳理太空中心的细节时，有几个关注点要谨记于心。

下文将分三个基本小节来讨论图4.2的信息：①处理、物流和储存厂房；②集成厂房；③发射综合体。然后，再以一个小节的内容专门探讨发射后和返回。

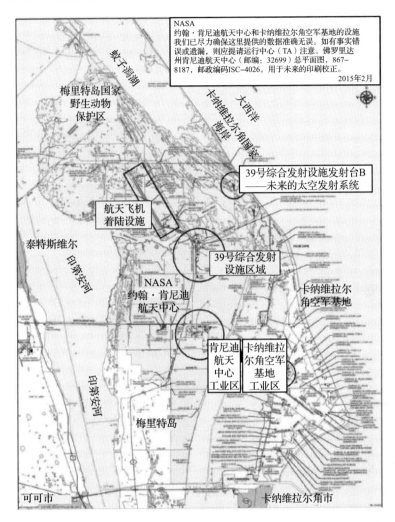

图 4.4 2015 年肯尼迪航天中心和卡纳维拉尔角空军基地地图

资料来源：NASA，2015

4.2.2 美国航天飞机处理、物流和仓储

如图 4.2 所示，航天港需要修建运载飞行器和有效载荷（包括搭载的人类）处理厂房。对航天飞机而言，轨道飞行器、固体火箭助推器、有效载荷、垂直装载货物和外部燃料箱以及宇航员处理厂房均为必要设施。每栋厂房都设有各种关键系统，如消防系统、暖通空调系统、排气系统、信息技术系统、通信系统、电力系统和办公空间。虽然这看似平淡无奇，但针对任务而言，基础设施的其他要求实则非常具体。此外，虽然下文并未提及，但处理厂房

通常都需要严格的温度和湿度控制,并设置洁净室。表4.2总结了每种处理厂房的独特要求。我们向读者提供了详细信息,以说明航天飞机部件的尺寸和重量,以及运送的复杂性。

表4.2　肯尼迪航天中心处理厂房概述

厂房	用途	独有特征	备注
轨道飞行器处理厂房	必须在水平姿态下处理的轨道飞行器有效载荷在轨道飞行器处理设施内装载,其他有效载荷则在发射台装载	两个相同的高舱由一个低舱连接 每个高舱长197英尺,宽150英尺,高95英尺,设有两台30吨桥式起重机 低舱长233英尺,宽95英尺,高25英尺。高舱也设有电气、电子和通信仪器;以及气态氮、气态氧和气态氦出口	类似于现代飞机维修机库。设有隔舱区,可通过一系列平台前往所有高度层实施作业
固体火箭助推器厂房	用于组合初始固体火箭助推器零件;新零件和重装零件。对固体火箭助推器部件进行整修和试验;存放固体火箭助推器段	相关厂房包括固体火箭助推器处理厂房;组装和整修厂房;以及旋转、处理与缓冲厂房(RPSF)	
物流厂房	存放超过19万个五金配件	建筑面积为32.464万平方英尺①,位于航天器装配大楼的南面	
轨道飞行器改造和整修厂房(OMRF)	用于对轨道飞行器进行大幅改造、整修和大修	厂房占地面积5万平方英尺 由一个高95英尺的高舱、一个双层低舱区、数个专用工作平台和一台30吨起重机组成	可在轨道飞行器上开展大量工作,不会影响轨道飞行器在轨道飞行器处理厂房的常规处理

注：该表根据NASA（2000）资料编制。

对于有效载荷,根据任务和装载要求,在不同地点进行处理。实施垂直整合的有效载荷采用环境受控式集装箱运输到发射台(航天飞机/技术,NASA,2000)。

4.2.3 美国航天飞机集成厂房

图4.2还说明了对最终集成厂房的需求。对航天飞机系统而言,集成厂房即肯尼迪航天中心的航天器装配大楼(图4.5),在大楼内对航天飞机整套系统进行最终装配,即安装轨道飞行器、固体火箭助推器和外部燃料箱,装配完毕后,整套系统才会运往发射台。然而,液体推进剂、垂直装载的有效载荷和最终机组人员都位于发射台。

读者在知晓了航天器装配大楼的具体基础设施要求后,便可以对系统的复杂性和所需的支持有所了解。航天器装配大楼是美国最大的建筑之一,高525英尺,体积为1.294 28亿立方英尺②。相比之下,纽约市的自由女神像仅305英尺高。从规模来看,航天器装配大楼相当于3.75座帝国大厦(航天器装配大楼,NASA,1999)。运载火箭和航天器的位置特殊、复杂精密且重量大,因此航天器装配大楼被设计为可承受每小时125英里的风速。大楼的地基由4 200根直径16英寸的钢管桩支撑,钢管桩深度达160英尺。在大楼内部,有一系列垂直的隔舱区域(低舱和高舱),用于维护活动和系统部件集成。此外,大楼内有60~70台提升装置和2台起重能力为250吨的桥式起重机(航天飞机/技术,NASA,2000)。

图4.5 航天器装配大楼

资料来源:NASA,2017

高舱门洞高456英尺。下门洞(宽192英尺×高114英尺)有4扇平移式门"扉"。上门洞(高342英尺×宽76英尺)有7扇垂直移动门,如图4.6所示。航天器装配大楼还为主要部件和移动工作平台设置了单独的试验和检修区域(航天飞机/技术,NASA,2000)。

航天器装配大楼内有移动发射平台,用于依次连接和集成固体火箭助推器、外部燃料箱和轨道飞行器。航天飞机移动发射平台（高25英尺×长160英尺×宽135英尺）重823万磅，主要由钢制成。平台配备液态氧、液态氢、氦气和氮气排气口、脐带式连接件，氢燃烧系统，以及飞行器数据和通信电源及电气连接装置（NASA，2000）。

为了透视移动发射平台的内部构造，图4.7展示了NASA航天器装配大楼高舱3区（顶层）内的太空发射系统和"猎户座"载人飞船移动发射器。如同航天飞机一样，在部件叠加、处理和集成过程中，工作平台将围绕在移动发射器周围。这一新移动发射器高380英尺，同航天飞机移动发射平台类似，配备了机组人员出入臂、脐带电缆和接线，为太空发射系统和"猎户座"载人飞船提供电力、环境控制、气动和通信连接。

 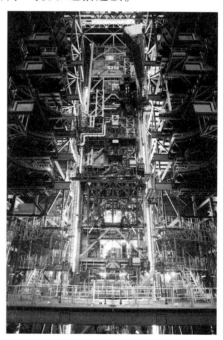

图4.6　航天器装配大楼东侧的垂直升降门
资料来源：NASA/Dimitri Gerondidakis，2014

图4.7　NASA航天器装配大楼高舱内的太空发射系统和"猎户座"载人飞船移动发射器
资料来源：NASA/Frank Michaux，2018

集成完毕后，系统配备齐全的移动发射平台将被固定在履带式运输车上（高20英尺×长131英尺×宽114英尺）。履带式运输车空载重量为600万磅，利用4根双轨式履带移动，每根履带高10英尺，长41英尺。运输车空载速度为每小时2英里；负载速度为每小时1英里。车辆设有调平系统，在前往发射台的途中可以使航天飞机保持竖直。运输车从航天器装配大楼到发射台的行驶时间约为 6 小时。这类大型系统的运输包含在航天港运行的范畴内，因此需要计时。

航天器装配大楼到发射台 39A 和发射台 39B 的距离分别为 3.5 英里和 4.2 英里。连接道路是双车道慢速道，路宽 100 英尺，铺设 7 英尺厚碎石，上覆沥青和鹅卵石，承载重量达 1 800 万磅以上（Bergin，2013）。

如图 4.8 所示，运输车在道路上行驶时，道路采取了喷水抑尘措施（Tegler，2018）。运输车到达综合体后，移动发射平台被连接到发射台综合体上（Siceloff，2011）。移动发射平台相对于航天器装配大楼和发射台的位置，请再次参见图 4.4。

图 4.8　升级后的 2 号履带式运输车（CT－2）沿慢速道返回航天器装配大楼
注：卡车喷水抑尘，形成的彩虹依稀可见
资料来源：NASA/Leif Heimbold，2017

4.2.4　美国航天飞机发射综合体

图 4.2 还表明，需要将运载火箭系统集成到发射台上。航天飞机执行了 135 次飞行任务，每次均在 NASA 肯尼迪航天中心的发射台 39A 垂直发射，同时发射台 39B 作为备用（航天飞机发射，NASA，2000）。在发射前，航天飞机在发射台上进行最终检测和装载，为期一个月左右（《航天飞机：倒计时前》，NASA，2008）。

发射台区域呈圆形，周长超过 1.5 英里，内部设有庞杂的部件和系统，其中许多都支持远程操作。鉴于航天飞机执行的飞行任务次数多，再加上地处大西洋附近的盐雾环境且发射条件严酷，对耐用基础设施的需求尤为突出。

下文对发射台的关键组成部分进行了汇总。各关注点见图 4.9 "发射台 39B"的标注。

关注点
1. 火焰隔离槽和火焰偏转器　　4. 慢速道　　　　　　　　　7. 摄像机位置
2. 防雷装置（LPS）　　　　　　5. 液态氢（LH2）储存容器　　8. 发射台 39C
3. 高压储气设备　　　　　　　　6. 液态氧（LOX）储存容器　　9. 点火超压和噪声抑制（IOP/SS）系统

图 4.9　发射综合体 39B

资料来源：NASA，图上覆盖有箭头和描述符

- 发射台为截棱锥构造，用混凝土修筑而成，向上倾斜 40 英尺。
- 集成后的移动发射平台，带连接桅杆，可将推进剂运到火箭处。
- 液态氢和液态氧推进剂储罐。推进剂储存在两个真空杜瓦瓶中，分别位于发射台周界两侧。一个储罐可以在 −297 华氏度③下储存 90 万加仑④液态氧，另一个储罐可以在 −423 华氏度下储存相似体积的液态氢。在太空中，轨道飞行器利用液态氢和液态氧发电。在发射当天，向橙色外部燃料箱泵送超过 50 万加仑的相同推进剂，为航天飞机的 3 台主发动机提供动力。请注意，按照现在的标准，人们会认为这些储罐都已陈旧过时。关于这一点，本章将做进一步讨论。图 4.10 进一步展示了发射台 39B 的液态氧储罐。
- 燃料管线从各推进剂仓库引出，连接到发射台和脐带式连接件。
- 储存燃料甲基联氨和氧化剂四氧化二氮等有毒液体的仓库。这些液体可以常温储存。但它们可以自燃，因此储存在妥善隔离的位置，位于发射台

图 4.10　发射台 39B 的低温液态氧储罐加注

资料来源：NASA/Kim Shiflett，2017

的西南角和东南角。

- 加注自燃液体的推进剂装载系统。这些液体存在毒性，作业时需小心谨慎，并使用专用设备，包括防护服。
- 气态氧（GOX）排气区域。
- 气态氢排放系统将推进剂排放到远离航天飞机的塔楼，利用丙烷燃烧多余的氢。
- 多排高速摄影机和电视摄像机。
- 防护地堡。
- 噪声抑制水系统，设有高 290 英尺的水塔，可容纳 30 万加仑的水，噪声级可降低到 142 分贝。灭火系统和火焰偏转系统：用耐火砖和混凝土作为内衬的火焰隔离槽，可从一侧将主发动机的烟雾和废气向后导引至远离航天飞机的地方，并将固体火箭助推器废气经烟道引向大海。隔离槽长 490 英尺，宽 58 英尺，高 40 英尺。这一系统包括主发动机或轨道飞行器火焰偏转器，该偏转器高 38 英尺，宽 57.6 英尺，重 130 万磅。固体火箭助推器的火焰偏转器高 42.5 英尺，长 42 英尺，重 110 万磅。两个偏转器均由钢制成，由大约 5 英寸厚的耐高温混凝土面层覆盖。参见图 4.11。
- 火焰隔离槽排污水储水池，防止污水对附近沼泽区造成污染。
- 固定勤务塔（FSS），对发射台上的运载火箭进行维护。固定勤务塔高 247 英尺，起重机位于发射台表面上方 265 英尺处。固定勤务塔顶部装有一根 80 英尺高的玻璃钢避雷针，通过锚固于地下的电缆实现接地。参见图 4.12。

图 4.11 发射台火焰隔离槽
资料来源：NASA/Kim Shiflett，2018

在这张照片中，固定勤务塔的避雷针已拆除，由图中所示的 3 座避雷塔提供防雷保护。

- 旋转勤务塔，用于对有效载荷进行维护，设有洁净室。它可旋转 120 度（1/3 圈），长 102 英尺，宽 50 英尺，高 130 英尺。需具备清洁空气吹扫能力。
- 避雷塔。参见图 4.12。
- 围栏。
- 电、水、动力、空调和通信系统。
- 发射后区域盐酸冲洗系统。
- 紧急逃生系统。对于航天飞机而言，这一系统包括 7 根滑线和一个用网包围的篮子，用于在紧急情况下容纳和疏散宇航员。

需要注意的是，发射综合体内设有防爆部件，如灯和消防系统的开关。此外，在极其危险的环境中，标志等物品的设计可以发挥重要作用，例如升降电梯上采用大尺寸按钮，搭乘时不用看就能摸到，或者张贴大标签而不采用金属标志（Siceloff，2011）。出于安全考虑，航天飞机在发射台上停留的时间也

图 4.12 肯尼迪航天中心发射台 39B 四根避雷针中的三根
资料来源：NASA/Amanda Diller，2009

相对较短。现在的飞行器也是如此。液体推进剂通常在有效载荷装载前 24 小时内加注,这主要就是为了顾及安全。(现在,推进剂可以在任何地点加注,加注时间为发射前 30 分钟至 1.5 小时不等,具体取决于推进剂需求量。)

4.2.5　美国航天飞机发射和任务控制中心

发射控制中心是一座四层建筑,位于航天器装配大楼附近,通过一座封闭式桥梁与该装配大楼相连(请参见图 4.4 中员工发射观察点附近的大楼,了解大致位置)。发射控制中心内设有控制室、发射室和发射处理系统等。发射处理系统用于控制和监控航天飞机的整个处理过程:从部件运抵发射场,到发射台集成,再到发射。它由三个子系统组成:中央数据子系统(CDS)、发射室内的校验、控制和监控子系统(CCMS),以及记录和回放子系统(RPS)。中央数据子系统用于存储重要的试验数据和飞行器处理数据等。航天飞机的处理和发射由校验、控制和监控子系统控制,可监控发射系统的状况是否良好。记录和回放子系统用于记录试验和发射倒计时过程中的航天飞机仪表数据,以供分析。图 4.13 展示了目前的发射控制中心。

图 4.13　肯尼迪航天中心发射控制中心

资料来源:NASA/Kim Shiflett, 2018

发射控制中心负责发射,任务控制中心则负责发射后的操作,在航天飞机飞离肯尼迪航天中心的发射综合体勤务塔时予以接管。任务控制中心位于 NASA 约翰逊航天中心,距离肯尼迪航天中心 1 000 多英里。该中心内设有两间相同的航天飞机任务专用飞行控制室(FCR),在系统出现故障时实现冗余控制。航天飞机系统数据、语音通信和电视通过 NASA 地面和太空网络进行中继。任务控制中心会一直进行任务控制,直到轨道飞行器在地球上着陆结束任务。航天飞机每次执行任务时,任务控制中心都要使用16个主要飞行控制台(航天飞机技术,NASA,2000)。图4.14展示了后航天飞机时代的任务控制中心。

图4.14 后航天飞机时代的任务控制中心

资料来源:NASA,2013

4.2.6 美国航天飞机发射后的操作和回收

对航天飞机发射系统可重复使用部件而言,首先是回收固体火箭助推器外壳,然后是轨道飞行器本身。固体火箭助推器回收需要用到各种设备和设施,包括船只、潜水设备等。在发射后两三分钟内,固体火箭助推器在约30英里高度处被投弃。它们先到达远地点,然后顺发射方向在距发射台约158英里处的大西洋上溅落。值得注意的是,固体火箭助推器的溅落足迹范围为7英里宽、10英里长的区域(航天飞机技术,NASA,2000)。助推器回收大约花费5.5小时。同样,这里的航天港运行活动,也进行了计时。

在降落伞系统打开后,固体火箭助推器缓缓降落。固体火箭助推器的海上回收船长176英尺,配有4个直径5.5英尺的绞盘,用于卷绕降落伞,还配有一台起重量为10吨的起重机,用于将降落伞吊出水面(航天飞机技术,NASA,2000)。降落伞回收后,使用潜水员操作插头(DOP)回收固体火箭助推器外壳。水下潜水员将该插头连接到外壳的喷嘴上,再连上一根2 000英尺长的空气管。回收船通过空气管供应压缩空气(每平方英寸[⑤]120磅),将壳内的水排出,从而继续进行回收。如图4.15所示,载有固体火箭助推器的回收船经卡纳维拉尔港驶向卡纳维拉尔角空军基地(固体火箭助推器,NASA,2000)。

第4章 航天港基础设施和运行 89

图 4.15 回收的固体火箭助推器运回佛罗里达州卡纳维拉尔角

资料来源：NASA，2011

最后，固体火箭助推器会被送往另一座厂房进行清洁和拆卸；分离后的外壳段通过铁路运输到制造商工厂进行最后整修，并再次装填推进剂，然后便运回肯尼迪航天中心。头锥和降落伞也送回 NASA 肯尼迪航天中心进行整修和储存（固体火箭助推器，NASA，2000）。

至于轨道飞行器的返回，飞行器经过合理设计，可在滑翔后利用降落伞系统滑行停止，参见图 4.16。返回的可重复使用轨道飞行器在加利福尼亚州爱德华兹空军基地的干燥湖床上水平着陆 54 次。在早期的航天飞机任务中，轨道飞行器只有一次是在新墨西哥州的白沙航天港着陆。在执行这些任务时，将轨道飞行器连接到波音 747 飞机顶部，送回肯尼迪航天中心（航天飞机发射和着陆，NASA，2000）。对读者来说，这些信息之所以重要是因为轨道飞行器的着陆都有备用计划。现在，航空公司可以在必要时将飞机降落到备用航空港。同样，为保证安全，发射提供商也应制定出在备用地点着陆时的应急方案。

航天飞机在肯尼迪航天中心的航天飞机降落场着陆，完成了 78 次任务。（关于肯尼迪航天中心的位置，另请参见图 4.4。）航天飞机降落场包含以下具体组成部分（航天飞机，航天飞机技术，NASA，2000）：

- 跑道。需要注意的是，目前这些跑道仍在使用。第 15 号跑道用于西北—东南向降落；第 33 号跑道用于东南—西北向降落。为了使航天飞机能从上述任一方向进近，降落场设置了两座相同的微波扫描波束着陆系统地面站。跑道长度为 1.5 万英尺，宽度为 300 英尺，均为普通商业跑道的 2 倍左右，两

图 4.16　轨道飞行器在肯尼迪航天中心
航天飞机降落场跑道着陆

资料来源：NASA，2009

端分别铺设 1 000 英尺的安全缓冲跑道（Clark，2015；航天飞机发射，NASA，2000）。值得注意的是，爱德华兹空军基地有一条铺面跑道，其长度和宽度与航天飞机降落场相当，但设有 5 英里的缓冲跑道，延伸至干涸的湖床。此外，现在许多可重复使用亚轨道运载火箭制造商认为，其飞行器使用 1 万英尺×200 英尺的跑道即可着陆（Futron，2005）。这种说法可能并未考虑像平流层发射飞机这样的超大型飞机。跑道中心厚度为 16 英寸，两侧厚度减少到 15 英寸。跑道从中心线到边缘有 24 英寸的斜度；混凝土路面下方是 6 英寸厚的掺土水泥基层。跑道开槽，以减少滑水的可能性，并从中心线向边缘倾斜，以便排水。沿跑道长度方向设置了"灯芯绒"式隆起线，以减少轨道飞行器着陆时轮胎的磨损。

- 高强度照明设备，类似于商业航空港照明。它包括白色跑道边灯，但跑道两端最后 2 000 英尺的路段用琥珀色灯标记。红灯和绿灯则向飞行员指示着陆跑道入口。
- 精密进近航道指示器（PAPI）系统。这是确定轨道飞行器下滑道进近角的目视参考点。
- 进近灯光系统。跑道的两端都使用了这些带有顺序闪光进近灯的系统，在低能见度时特别有用。灯光系统延伸到跑道末端以外 3 000 英尺。
- 停机坪附近的着陆辅助控制大楼。该大楼用于控制作业，是航天飞机降落场作业人员的工作场所。
- 便携式强光氙气灯。这些照明设备用于辅助轨道飞行器在黑暗中着陆。
- 停机坪或坡道。
- 在将航天飞机与波音 747 飞机连接时，接合/分离装置（MDD）用于在摆渡作业时升高和降低航天飞机。
- 防雷保护装置。
- 通往轨道飞行器处理厂房的牵引道或公路。

专用设备和运输车辆包括：
- 车辆，载有轨道飞行器回收作业所需的设备和人员。
- 移动风扇，可产生每小时 45 英里的定向风，用于吹走轨道飞行器内部和周围的有毒或爆炸性气体，空气流量为每分钟 20 万立方英尺。
- 楼梯和平台装置，安装于车厢上，用作勤务作业通行设施。
- 牵引拖车，配备空调，可将冷气或除湿气吹入有效载荷舱，以清除爆炸性或有毒气体。
- 无尘室，位于楼梯和平台上。它与轨道飞行器相连，室内加压，在宇航员出舱时可阻挡有毒和爆炸性气体。
- 宇航员运输车。要注意的是，宇航员在着陆后会花费一些时间接受医务人员的评估。
- 拖车，配备专用设备，用于清除轨道飞行器主发动机和管线中的氢气。
- 轨道飞行器牵引车，类似于大型飞机牵引车。
- 移动式地面动力装置（航天飞机，航天飞机技术，NASA，2000）。

4.2.7 美国航天飞机周转时间和发射频率

在前文的讨论中，我们增加了时间线，使读者可以一窥作业受到影响的时间，例如固体火箭助推器回收所需的时间。此外，每个轨道飞行器计划每年飞行 3 次（Mike Leinbach 采访，NASA，2007），因此周转时间约为 121 天。然而，根据表 4.3 的轨道飞行器飞行时间表，1982—1998 年，任何一架航天飞机最短的周转时间都不到 60 天。虽然最后一次飞行的航天飞机是 2011 年的"亚特兰蒂斯"号（Atlantis），并且周转时间大概有所减少，但提供的信息可以让读者了解航天飞机的大致周转时间。

表4.3　1982—1998年美国航天飞机的飞行计划

轨道飞行器	任务日期和飞行时长（从发射到着陆）
"哥伦比亚"号	1981年4月12—14日 1981年11月12—14日 1982年3月22—30日 1982年6月27日—7月4日 1982年11月11—16日 1983年11月28日—12月8日 1986年1月12—18日 1989年8月8—13日 1990年1月9—20日 1990年12月2—10日 1991年6月5—14日 1992年6月25日—7月9日 1992年10月22日—11月1日 1993年4月26日—5月6日 1993年10月18日—11月1日 1994年3月4—18日 1994年7月8—23日 1995年10月20日—11月5日 1996年2月22日—3月9日 1996年6月20日—7月7日 1997年4月4—8日 1997年7月1—17日 1997年11月19日—12月5日（"哥伦比亚"号事故）
"挑战者"号（Challenger）	1983年4月4—9日 1983年6月18—24日 1983年8月30日—9月5日 1984年2月3—11日 1984年4月6—13日 1984年10月5—13日 1985年4月29日—5月6日 1985年7月29日—8月6日 1985年10月30日—11月6日 1986年1月28日（"挑战者"号事故）

续表

轨道飞行器	任务日期和飞行时长（从发射到着陆）
"发现"号（Discovery）	1984年8月30日—9月5日 1984年11月8—16日 1985年1月24—27日 1985年4月12—19日 1985年6月17—24日 1985年8月27日—9月3日 1988年9月29日—10月3日 1989年3月13—18日 1989年11月22—27日 1990年4月24—29日 1990年10月6—10日 1991年4月28日—5月6日 1991年9月12—18日 1992年1月22—30日
"亚特兰蒂斯"号（Atlantis）	1992年12月2—9日 1993年4月8—17日 1993年9月12—22日 1994年2月3—11日 1994年9月9—20日 1995年2月3—11日 1995年7月13—22日 1997年2月11—21日 1997年8月7—19日 1985年10月3—7日 1985年11月26日—12月3日 1988年12月2—6日 1989年5月4—8日 1989年10月18—23日 1990年2月28日—3月4日 1990年11月15—20日 1991年4月5—11日 1991年8月2—11日 1991年11月24日—12月1日 1992年3月24日—4月2日 1992年7月31日—8月8日

续表

轨道飞行器	任务日期和飞行时长（从发射到着陆）
"亚特兰蒂斯"号（Atlantis）	1994年11月3—14日 1995年6月27日—7月7日 1995年11月12—20日 1996年3月22—31日 1996年9月16—26日 1996年11月19日—12月7日：航天飞机最长飞行纪录；持续17.5天多一点 1997年1月12—22日 1997年5月15—24日 1997年9月25日—10月6日
"奋进"号（Endeavor）	1992年5月7—16日 1992年9月12—20日 1993年1月13—19日 1993年6月21日—7月1日 1993年12月2—13日 1994年4月9—20日 1994年9月30日—10月11日 1995年3月2—18日 1995年9月7—18日 1996年1月11—20日 1996年5月19—29日 1998年1月22—31日

资料来源：Rumerman（1998），引文经过汇编

如前所述，航天飞机在发射台上停留大约一个月，进行最终检测和装载。这表明，轨道飞行器在做好下一次飞行准备前至少需要30天。外部油箱是一次性的。固体火箭助推器这时应该已在进行整修或补给了。就周转时间和安排而言，轨道飞行器可能是"最关键的问题"（耗时最长的部分）。尽管航天飞机的每个子系统都是安全攸关的部分，但轨道飞行器是运载宇航员的航天器，因而需要进行额外评估和安全检查，还要妥善认真地进行维修、试验和最终检测。

随着技术的推陈出新以及更多发射部件实现可重复使用，需要新增基础设施和/或对现有的基础设施进行改造，来为固体火箭助推器、火箭、太空舱

和无人驾驶飞行器（UAV）及其辅助设备和系统的着陆提供保障。此外，随着太空旅行日益受到追捧，价格愈发亲民，付费客户（旅客/参与者）希望获得与现在航空港条件类似的膳宿服务（餐厅、商铺、住宿）。

随着对削减成本的进一步研究，可重复使用部件、扩大需求以及改进发射、再入和重新发射的周转时间，也将在航天港的运营和物流流程中发挥作用。现在，正在计划研制新的航天发射系统，以使航天飞机的周转时间在当前30天的基础上能有大幅缩短。自航天飞机计划实施以来，已经研制出了多台可用和可重复使用的系统，而且技术也愈发先进，这些都推动了人们建设基础设施和运行设施的需求，为预计日渐加快的发射节奏提供保障。太空探索技术公司2019年的目标是，在24小时内使用"猎鹰"9号助推器进行两次发射，这尤为引人注目（Henry，2018）。虽然这还不是载人系统，但这让我们可以窥见未来，因为商业承包商提高了部件的可重用性，同时希望降低成本。面对这些新技术，航天港必须具备相应的响应能力。为此，卡纳维拉尔角空军基地正在加快步伐，为2023年之前实现一年内48次发射的目标而不懈努力。从具体频率来看，平均每周发射一次，另有两次维护活动，每次持续两周时间。最近，该基地在48小时内完成了两次发射（Joy，2019）。为保证安全水平不受影响，需要建设冗余的发射和着陆基础设施、可容纳一种以上运载火箭系统的灵活基础设施和/或更坚固的结构。为应对增多的发射计划，必须扩充人员和设备。

在下一节，我们将探讨对航空航天港的基本要求。但读者应记住，能为预期日渐频繁的发射活动提供保障乃基本要求之一。此外，我们开始认识到，每座航天港都是独一无二的。"当你看到一座航空港时，你所看到的只是一座而已"，这句老话似乎也适用于航天港。

4.3　航空航天港：基础设施和运行要求

4.2节提供的信息可用作基础设施需求和运行要求清单。基于上述案例研究，同时考虑当今航天港的需求，即可总结出航空航天港的基本设施与运行要求。首先，我们对航空港和航天港的关键组成部分、运行及术语进行对比，如表4.4所示。请注意，航空港旅客和航天港参与者的术语存在区别。民用航天"参与者"是指太空探险和太空旅行的旅客。在未来的某个时刻，一旦规则和条例做出修改，在综合航空航天港容纳民用太空运输，可能就不必再对术语加以区分了。但是，民用宇航员和政府宇航员之间的区别可能会继续存在。

表 4.4 航空港和航天港的组成部分和术语对比

航空港	航天港
旅客——只需了解最低限度的机上安全须知	参与者需接受大量培训，可能还需进行体检。此时，对于执行飞行任务的非机组成员，采用"参与者"一词，而非"旅客"
机组人员（飞行员、乘务员）	机组人员（宇航员；飞行员）和旅客教练。未来，政府宇航员和民用宇航员之间将有所区别
多式联运通道——公路、铁路	多式联运通道——公路、铁路、水路、航空、太空、管线
飞机跑道（通用航空、私人飞机、商业航空公司、货机）	飞机、可重复使用运载火箭和亚轨道可重复使用运载火箭的跑道
跑道维护	跑道维护、发射和着陆台维护、发射场监视和支持
滑行道	通往发射设施的滑行道和运输通道；地面系统恢复/周转
油库——喷气燃料、汽油、柴油	油库——喷气燃料、汽油、柴油、固体和液体推进剂、氧化剂以及压缩气体（如氦气和氮气）
运行保障	运行保障
地面车辆管理	地面车辆管理
空中交通管制（ATC）塔台	空中交通管制；发射控制中心
航空港空中交通管制范围以外的空中交通	任务运行中心、地面作业、飞行器遥测、飞行作业
飞机地面作业	航天器飞行前和飞行后作业；发射作业
飞机维修库	飞机维修库、运载火箭和航天器装配与集成、航天器检测、可重复使用运载火箭和可重复使用部件（即火箭级）维修
货物及行李搬运	有效载荷处理与装配
货物及行李装卸	有效载荷集成、宇航员和参与者货物集成

续表

航空港	航天港
航空港物流	航天港物流，包括有效载荷和固体火箭助推器等推进部件的储存区
旅客下机、照顾	参与者处理、培训、医疗筛查和支持
急救医疗服务	急救医疗服务、紧急搜救、发射场安全和医疗服务
通信和信息技术基础设施	通信和信息技术基础设施
安全——联邦、航空港管理局	安全——企业、联邦、地方、航天港管理局，取决于航天港和管理局的地点
办公空间、餐厅、酒店	办公空间、机组人员/宇航员/参与者等候区
旅客服务	为商业宇航员、家庭、游客、商业太空企业家、太空参与者提供的客户服务

参与者和机组人员需要专门的培训，航天港必须考虑这项工作所需的相关培训人员和设施。太空旅行无疑会让人的身心处于截然不同的环境条件下。为了降低生命和肢体风险，针对紧急和非紧急情况下可能出现的情况以及行动方案，有必要进行额外培训。

图4.17是对表4.4的补充，它以图形的形式展示了将航空交通和航天交通合二为一的未来航空航天港。建成了这种综合港，我们还需要什么？

引用自Adams和Petrov（2006），经作者进一步研究，引文略有修改。

- 有效载荷验收、处理和储存区；有效载荷作业区（如为现场，则可含该区）；
- 液体火箭发动机和固体火箭发动机搬运；
- 货物/有效载荷装卸区；
- 推进剂/燃料/氧化剂的安全储存和搬运；
- 机库和整修/维修库；
- 地面车辆管理和维护；
- 水平起降用跑道、坡道、停机坪和滑行道；
- 发射和着陆台、垂直起降指定区域，以及往返于发射场的运输；
- 多式联运通道和配套基础设施，包括停车场；

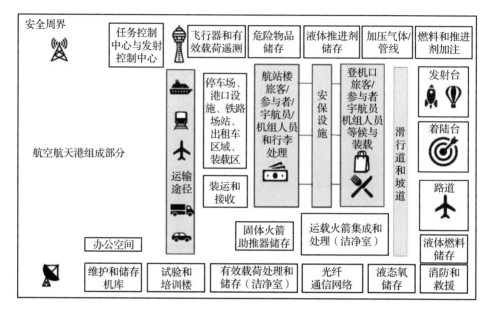

图 4.17 航空航天港的主要组成部分

- 旅客/参与者/宇航员处理区;
- 危险物品储存和消防/救援;
- 空中交通管制、发射控制和任务控制中心、飞行跟踪网络和相关设备;
- 试验厂房;
- 办公空间、餐厅和商店等。

在航空航天港周围运送人员、部件和飞行器的后勤车;回收可重复使用返回航天器的车辆、拖船和设备;风扇、平台装置、活动楼梯和辅助装置等设备也很重要。

在这样的背景下,我们将在下面的几个小节中更深入地探讨航天港更复杂的方面。

4.3.1 有效载荷处理与储存

我们从肯尼迪航天中心的案例研究就能清楚地看到,有效载荷一旦运抵航天港,我们就要开始勤勤恳恳地实施各项准备和搬运工作,直到其离开航天港发射升空。这些工作都至关重要。有效载荷处理包括验收、试验和与航天器相集成。这项作业颇为耗时,在有效载荷抵达航天港之前就已经开始了。航天港的管理部门要与供应商开展合作,共同研究航天港运输和搬运政策及程序。如有必要，还需为国际货物或有效载荷提供专用空间。

对于经航空、水路、公路、铁路甚至太空运抵航天港、用于运输有效载荷的专用飞行器，航天港可能还需提供相应的停放空间。例如，图4.18为NASA的"超级彩虹鱼"（Super Guppy）飞机，它的尺寸、外形和功能都很特殊，可以将货物（如火箭段）运送到下一目的地。

图4.18　NASA的"超级彩虹鱼"货物运输机
资料来源：NASA/肯·阿尔布里奇，2019

有效载荷在运抵航天港时，可能需要存放在环境受控的储存区或预处理区；到达时它可能已装配妥当，也可能各段尚未组装。卫星和其他航天器需要严格控制温度、湿度和洁净度。据太空探索技术公司称，他们利用暖通空调系统，让温度保持在（21±3）摄氏度，湿度水平为50%±15%，从而维持有效载荷所处环境。洁净度介于美国联邦标准FED-STD-209E的7级（1万）和8级（10万）之间，具体取决于厂房和用途（Space Exploration Technologies Corporation，2015）。它们分别相当于国际标准化组织（ISO）14644-1的ISO 7和ISO 8，是类似任务的行业标准。欲知更多环境相关信息，读者可参阅运载火箭和运营商环境手册，例如阿丽亚娜航天公司《服务与解决方案》（2016）。

在处理阶段的早期，航天港必须能够支持有效载荷无损检测和评估，包括化学分析和取样，确保在运输中不会造成损坏（Seedhouse，2017）。对于密封性检测、电磁兼容试验、发射前准备和集成试验等其他试验，如果制造商自己未实施，则需由训练有素的航天港人员来执行。由于有效载荷之间缺乏统一的标准，因此必须解决对地面作业、航天港人员、地面保障和集成设备必需品与设施造成的影响。对于作业产生的危险废物等副产品，必须说明原因，并采取缓解措施。

有效载荷一旦通过初始试验和检测阶段，则表示它已做好集成到运载火箭中的准备。成功完成检测后，有效载荷被集成在整流罩内，然后整流罩再连接到火箭上。航天港基础设施需要考虑整流罩在垂直方向（例如美国、法国和中国）和/或水平方向（俄罗斯）上与火箭的连接（McCoy，2012）。

非生物有效载荷一旦集成到运载火箭或航天器内，人类与其进一步接触的机会便微乎其微。因此，若要成功地完成有效载荷的太空部署，那么在航天港对有效载荷处理与发射前准备工作进行周密的计划和实施则显得至关重要（McCoy，2012）。

图4.19显示了"亚特兰蒂斯"号轨道飞行器货舱内已集成的有效载荷——应用与科学大气实验室（ATLAS-3）。这种情况下，ATLAS-3仍与轨道飞行器在一起，并未部署。无论如何，鉴于有效载荷的重要性和所有相关人员的安全，一旦成功完成集成，可能需进行模拟发射试验，以建立对成功发射的信心。

图4.19 "亚特兰蒂斯"号轨道飞行器货舱的应用与
科学大气实验室（ATLAS-3）有效载荷
资料来源：NASA，2009

4.3.2 推进剂和氧化剂的储存与处理

如第3章所述，基础设施必须能够容纳一系列燃料、氧化剂和其他推进剂。航空港的典型燃料包括烃类化合物/石油馏出物（汽油、石脑油、煤油和燃料油/粗柴油），具体产品包括航空汽油、车用汽油、车用柴油和喷气燃料。在这方面，航空港对飞机航空燃料的储运驾轻就熟，特别是上述用于通用航空飞机的航空汽油和喷气燃料［JP-4、JP-5、JP-7和JP-8（注：大多数涡轮动力飞机使用的无铅煤油Jet A-1)]，可能还包括特定航空港选用的RP-1（Edwards，2003）。航空汽油属于汽油类，但喷气燃料和液态烃也被称为不同形式的煤油（Edwards，2003）。

除了燃料和推进剂之外，经管道输送的高度压缩气体需求量也将很大，特别是氦气和氮气。（注：气态氮用于清除设备内的杂质和无用物质；气态氦用于给子系统加压。）鉴于目前氦气稀缺可能引发担忧，应考虑避免不必要地使用氦气，以及因泄漏和发射取消而造成的氦气损失。航天港还必须考虑所需燃料、推进剂和气体来源的位置、所需数量、配送可靠性以及能够随需供应的备用源。

在前一章，我们还探讨了推进剂、燃料和氧化剂的可储存性。显然，并非所有推进剂都相似，并且对航天港而言，推进剂的储存、装载和处置要求会因毒性、储存温度、燃烧性、燃烧速率和质量等因素而大相径庭。航天港的开发与维护必须能够应对各种推进剂与燃料组合，同时，还必须处理环境问题。虽然推进剂成本在发射成本中的占比相对较小，但作业成本和推进剂的易操作性是重要的成本驱动因素和安全考虑，特别是低温和有毒的（在地球上）可储存推进剂。

液态氢和液态氧具有低温性质，需在非常低的温度下储存，并邻近其使用点（即发射台）。此外，它们的质量很低，需要大型储罐来分别储存液态氧和液态氢（NASA，2011）。例如，发射台39A和39B的球形储罐距离发射台约1 500英尺，可盛装85万加仑液体（Granath，2018）。它们位于发射综合体的两端，使燃料和氧化剂之间相距足够远。这些低温燃料需在-420华氏度或更低的温度下储存。

技术日新月异，老式储罐效率低下，无法控制蒸发。例如，购买并计划用作航天飞机燃料的液态氢大约有一半在使用前就蒸发掉了（Granath，2018）。因此，今天的航天港应该考虑新的储存系统。关于燃料储存区和氧化剂储存区之间的距离，部分航天港开发商建议应至少间隔500英尺（Gulliver和Finger，2010）。最后，还需要注意的是，美国的一些航空航天港将规范化军事基地的混凝土地堡出租给制造商，用于储存推进剂和其他爆炸性部件。

4.3.3 推进剂装载和飞行前作业

在发射前，必须完成大量工作。为保持安全运营，航天港运营商需遵守明确的政策和程序。推进剂装载是一种劳动密集型作业，而且非常耗时，因此人力成本高昂。尽管这种作业已基本实现自动化，但仍需要大量的劳动力对推进剂装载作业予以监控，并持续确保安全（Seedhouse，2017）。对于垂直发射，要按照精心设计的程序，牢记在以往计划中吸取的经验教训。液体推进剂（燃料和氧化剂）在发射台加注，通常在有效载荷装载前 24 小时进行。而固体火箭推进剂则通常在制造商工厂加注到固体火箭助推器内。

对于航空航天港的水平作业而言，运载火箭可以在场外加注推进剂，然后拖至氧化剂装载区。航空港附近的其他飞机与水平的运载火箭之间要保持规定的距离，尤其是在运载火箭推进剂加注完毕之后继续加注氧化剂时。在发射任务取消的情况下，地勤人员和设备必须到位，执行推进剂和氧化剂泄放工作，并将运载火箭移出跑道（Space Florida，2018）。飞行后地面作业包括安全检查和将运载火箭从跑道运至机库处理厂房。随后，机组人员和参与者下机，同时开展类似于航空港的运载火箭飞行后检测与检查工作。

垂直发射作业也将跟踪类似的物流过程，但拖至发射台这一过程则除外。由于完整的运载火箭系统不会返回，目前可重复使用部分会跟随航天飞机系统进行长距离运输，然后在水中着陆，但可重复使用部件也可以在发射台和无人驾驶船舶上进行受控着陆。发射任务取消后，如有必要，需要当火箭在发射台区域集成时将推进剂从火箭中泄放出来。

4.3.4 跑道、发射台和着陆台

在美国，一些前军事基地和现用通用航空航空港正进行重新规划或改造，计划用于水平起降。此外，在获得水平起降许可证后，少数商业航空港将更名为航空航天港。使用前军事基地有几个好处，至少已经具备现成的基础设施，能够节省成本。通常，前军用航空港具有 1 万~1.2 万英尺长、200 英尺宽的跑道，足以满足如今尺寸较小的可重复使用运载火箭设计概念的需求（Futron，2005）。［然而需要注意的是，由于平流层发射飞机等某些 Z 概念飞行器的翼展为 385 英尺，相较于传统的航空港，跑道至滑行道的距离必须更长（Rogers 等，2015），停机位之间的间距也必须更长。］不论有哪些例外情况，发射场运营商都可以利用现有的跑道、机库、地堡、通信和天气观测设

备，从而降低许可证申请、基础设施建设和运营成本。当基地或航空港具备现成的流程和程序以及各项基础设施时，他们也就无须再多此一举了。

美国航天港等新建航天港设有跑道和发射台。平坦的方形混凝土发射台宽 50 英尺、长 50 英尺，满足大多数运载火箭运营商的需求（Futron，2005）。着陆台属于新设施，是火箭可重用性催生的产物。目前，佛罗里达州卡纳维拉尔角正在建造这种着陆台。它们由混凝土制成，四周为土方碎石，直径为 150~282 英尺（Space Florida，2017）。太空探索技术公司的可重复使用火箭级取得了令人惊叹的成功，这些火箭级成功地在着陆台和无人驾驶船舶上着陆并回收。

4.3.5 空中交通管制、发射管制和空域考虑因素

现在，火箭发射的成功率很高，失败率只有 1% 左右（McCoy，2012）。然而，安全仍是重中之重。为此，航空航天港需要大面积的陆地和水域，以满足基础设施需求，并在航空港缓冲区以外设置合适的安全缓冲区。由于该行业仍处于新兴阶段，美国联邦航空管理局建议，航天港应位于或靠近限航区/禁飞区和受管制空域（Murray 和 Ellis，2009）。联邦航空管理局还要求空域发射方位角应位于无人居住区和/或可以临时疏散的区域上空（Futron，2005）；运营商应制定灵活的试验和发射时间表，并且预测出需要增加的发射频率。

火箭一旦发射，便无法再命令其在空域中改变航向。因此，必须确保飞机始终不会进入临时飞行限制区域和特殊用途空域。正如任何飞机一样，任何空间飞行器在空中爆炸后都会造成地面或空中损害。"哥伦比亚"号事故发生后，第一次爆炸产生的残骸持续坠落达 90 分钟之久；最终找回了 8.5 万块残骸，分布于几个州。但在"哥伦比亚"号解体后，无论是空中还是地面，均未造成其他重大事故或死亡，这着实令人称奇。然而，我们还是吸取了惨痛的教训。一块 1 磅重的钢铁碎片以终段速度落下时，可能刺穿飞行中飞机的机舱或机翼（Range Commanders' Council，2002），造成灾难性后果。

为了帮助航天港的开发商和潜在运营商，联邦航空管理局针对航空港是否具备成为航天港的前景，制定了以下五个基本检验步骤：①实施地图调查；②分析和设计航天器可能的运行轨迹；③分析空中交通；④为保证安全和避免其他影响，对风险缓解措施实施分析；⑤在航天港潜在运营商和联邦航空管理局之间达成协议（Murray 和 Ellis，2009）。这一过程的每一步都至关重要，最终目的不仅是要与联邦航空管理局就如何成功实施太空发射计划签订

协议书，还要对发射场运营商许可证申请和最终许可证的获得产生直接影响。

通过对现有地图和航空图进行调查，潜在的航天港运营商就能鉴别盛行风、非平坦地形、障碍物位置、人口位置和密度、敏感环境区域、其他航空港、航天港、直升机停机坪和导航辅助设备。就像开发航空港一样，跑道的方向、位置和朝向，以及发射台和着陆台等都必须纳入考虑。发射场运营商应对航天港建在军事行动区、特殊用途空域或限航空域内或附近的适当性做出评估，以减少对空中交通的潜在负面影响，并最大限度地扩大系统中已知的封闭区域（Murray 和 Ellis，2009）。

接下来，发射场运营商需制定运载火箭的轨迹，并创建残骸目录（Murray 和 Ellis，2009）。许多因素都会加大这一过程的复杂程度，比如在新开发或正在开发的运载火箭方面缺乏历史经验。正如 Z 概念一样，发射共分两次：第一次是从航天港发射升空；第二次是在航天器到达安全高度后的再次发射。"多次发射"概念类似于垂直发射的情况，即在一系列火箭点火操作后，从地面进行首次发射。

因此，必须解决运载火箭、航天器特性和任务相关的问题，才能确定可能行经的轨迹和查出的异常情况。此外，还需考虑跨发射场发射的相关事项和中止着陆点的位置。联邦航空管理局建议，将轨迹和异常路径覆加在流程第 1 步提到的地图和航行图上，以确定最佳场景和最坏场景，以及对空域、陆地和水域的影响。发射走廊的面积要广，足以覆盖异常情况下出现的残骸。为减少对其他空域使用方的影响，可以在登机道和航线之间设置发射走廊。

在接下来的第 3 步中，需要实施空中交通分析。这一步需要研究对航线、通用航空和直升机交通等方面的影响。其次，无人机系统（UAS）交通也应纳入检验范围。由于火箭不具备改航能力，如果火箭的发射轨迹或着陆可能对其他空域使用方造成影响，则其他空域使用方需要改航。改航和/或增加间距需加以评估（Murray 和 Ellis，2009）。

第 4 步提出，对于为减少负面影响和解决安全问题而采取的缓解措施，也需进行研究。减少影响的方式有两种：①利用不同时区的航班时间；②利用一周中交通量最小的日子。在美国大陆，周日的商业航空交通量比每周其他日子小（Murray 和 Ellis，2009）。因天气或风力而必须做出其他选择时，需要确定几个发射走廊和临时飞行限制区域。最后，在第 5 步中，需与联邦航空管理局各方及发射场运营商签订协议书，协议中不仅要载明空域关闭的实际位置，还要载明关闭时间、每周允许发射日期及发射前、发射中和发射后的通知程序（Murray 和 Ellis，2009）。

为了给读者提供示例，我们选择了塞西尔航空航天港（佛罗里达州杰克逊维尔）的协议书。携带火箭的载机从航天港发射升空后，向东南方向飞行，其飞行路径处于临时限航区内（Federal Aviation Administration，2009）。在大西洋上空的临时限航区内，预计会进行二次发射，届时航天器将从载机上释放，火箭发动机点火，推动航天器沿亚轨道运行。这次发射计划在4万~6万英尺的高度进行。载机将通过喷气动力水平着陆方式返回，预计将从东南方向经同一走廊返回，而航天器则过一段时间再返回航天港，其同样是从东南方向经同一走廊返回，可能会以无火箭的滑翔机或以喷气动力飞机的形式水平着陆。（对于采用Z概念着陆的其他航天器，比如已从世界其他地方发射的此类航天器，还会设置进近走廊。）目前这两种飞行器均被视为实验性产品，因此，除了维珍银河公司的"白骑士"载机携带"太空船"2号试飞，以及诺斯罗普·格鲁曼公司利用洛克希德·马丁公司的L1011搭载"飞马座"火箭试飞之外，能够借鉴的历史或经验少之又少。至于空域关闭时间，运行协议书指出，所有发射都应在周三和周六上午9点之前进行（Federal Aviation Administration，2009）。

在塞西尔与联邦航空管理局签订的协议书中，划定了可重复使用运载火箭的空域封闭区，在该区域的西缘附近，有一处军事行动区，这一点也需要引起注意。这部分空域是军用飞机进行训练或作战活动的区域（也可能包括使用其他军事系统）。在这个空域的东面是军事交通繁忙区域，军用飞机频繁地在这里进行训练。这些区域不会延伸到对发射或商业航空造成干扰的高度（Federal Aviation Administration，2009）。

所有航天港都需要空中交通管制塔台和精心制定的程序和政策，这一点不言而喻。无论预期发射为水平形式还是垂直形式，相应活动的地勤人员都需要与空域调度机构和空中交通管制塔台协调所有的操作。

如上文所述，发射控制中心和任务控制中心历来都不在同一地点。造成这种情况的原因可能有很多，但安全或许是其中最重要的因素。一旦实施了发射，火箭和有效载荷的信息通常都由任务控制中心进行跟踪，而任务控制中心既可能设在发射航天港，也可能不在。航天港设施必须具备相应的通信网络、基础设施及训练有素的任务执行人员。如今的航天港需设有高速宽带和光纤网络，以实现更强、更快、更安全的通信。例如，太空探索技术公司在发射控制和发射场之间提供光纤连接，在控制设施、发射台和发射场与外部用户和机构之间实现快速、安全的通信（Space Exploration Technologies Corporation，2015）。

4.3.6　环境考虑事项

要想成为航天港，就必须开展噪声、空气质量和水质等方面的环境评估，并采取适当的缓解措施。这些风险缓解措施不仅可能影响航天港的运行，而且可能影响基础设施建设与选址方面的要求。

4.3.6.1　噪声

与航空港一样，为保护社区和自然环境免受损害，人们已经制定了航天港的容许噪声级。这些损害可能包括噪声对人类的刺激、对人类和动物听力的短期和长期损害，以及对建筑和结构的损害。损害可能由单一事件造成，也有可能在反复暴露中不断累积。火箭发射噪声造成的结构损坏最容易发生在窗户、抹灰墙和抹灰天花板处。大多数国家都建立了自己的噪声安全标准。在美国，有多个组织负责执行航天港的噪声控制工作，其中不仅包括联邦航空管理局，还包括其他职业健康和安全组织，它们根据正常八小时工作日的噪声级和持续时间制定了噪声暴露要求。

声爆也是随着火箭着陆和超声速飞机飞行而产生的一种噪声，任何飞行器以超过声速的飞行速度穿过空气时所产生的冲击波就形成了声爆。易碎和易破损物品对声爆最敏感，如窗户、抹灰墙和抹灰天花板。声爆可分为两种波：一种是飞行器前部产生的冲击波，另一种是飞行器后部产生的冲击波。航天港可以通过调整垂直发射/着陆的发射台和着陆台位置，以及水平发射/着陆的跑道位置和朝向，来减少噪声影响（Front Range Airport，2018；Midland International Air and Space Port，2014；Space Florida，2018）。

4.3.6.2　空气质量

空气质量根据特定污染物的环境空气浓度来定义，这些污染物关系到公众健康与福祉以及环境。在美国，相关主要污染物是一氧化碳、二氧化硫、二氧化氮、臭氧和特定大小与种类的具体颗粒物。许多国家都制定了国家环境空气质量标准以及污染物和空气质量标准。需要对有害污染物和温室气体排放量及其后续造成的负面影响实施测量、监测，如果超过了容许水平，还需采取缓解措施（Midland International Air and Space Port，2014）。

4.3.6.3　水、土地和其他环境问题

其他问题包括对水资源（海洋、河流、湖泊、溪流和含水层等），以及土壤（农田、公园和未开发土地等）和周围生态系统的污染和有害影响。地下水和饮用水不能受到污染，其他水源和自然物（岩石、沙子和土壤等）也不能受到影响。此外，发射条件和试验造成的光污染和光发射应减低到容许

水平。

其他生物资源，如鱼类和野生动植物，均须受到保护，使其免受固体废物、污染和危险物品的影响。在美国，历史、建筑、考古和/或文化资源都需要予以保护。此外，还必须考虑社会经济环境正义和儿童健康与安全（Front Range Airport，2018；Midland International Air and Space Port，2014；Space Florida，2018）。

最后，需要提到的是，联邦航空管理局网站（www.faa.gov/about/office_org/headquarters_offices/ast/environmental/nepa_docs/review/operator/）可供下载环境评估指南和文件，它们将有助于读者了解航天港的环境考虑事项。

4.3.7 老化的基础设施和其他考虑因素

旧军事基地和通用航空航空港的设施并非一应俱全，事实上，它们可能还需要进行现代化改造。于是，人们开始对旧式航天港日渐老化的基础设施展开讨论。太空基础设施的创建始于太空竞赛。国家在技术开发、工程计划和熟练劳动力方面都进行了大量投资。这些投资推动了美国和俄罗斯航天计划的快速发展，对美国而言，这最终促成了航天飞机的诞生。

虽然"阿波罗"时代的投资都是当时各项目的专项投资，但它们的用途（随着新设施的建设）也在反复变化，以满足当前的需求。随着技术的进步，以前用于支持航天的系统持续发挥着它们的各项功能，因而仍在继续运行。同样也是由于这种技术进步，这些系统（及其周围的配套基础设施）已经老化，其发展速度已赶不上其他方面的进步（尤其是在计算机方面）。

随着技术创新的老化，配套的实体构筑物也发生了老化。在整修和维护时，它们的使用年限暴露无遗。正如NASA监察长办公室所言，"该机构80%以上的设施已有40年或以上的历史，超过其设计寿命"（Martin，2017，第19页）。设施老化意味着NASA面临着这样一个问题：要么对设施进行现代化改造，要么继续支付更高的维护和维修费用。此外，这些设施不一定符合NASA当前目标的确切需要。因此，政府和NASA已采取行动，加大在大型厂房方面的投资力度，他们与商业公司签署协议，例如签署租赁协议，将发射综合体39A出租给太空探索技术公司，或者与佛罗里达州的航天经济部门佛罗里达州太空局签署协议，这些资金都用于支付闲置基础设施的维护费用。这样的合作形式也适用于世界各地其他日渐老化的航天港，以及老化航空港的用途改造，以实现航天港基础设施现代化。

最后，对于航空航天港，尚未深入探讨的其他考虑因素包括防护服等辅助设备需求,以及人力资源等。此外,虽然卫星不属于本书的讨论范围,但它作为重要的通信基础设施,提供了宝贵的天气数据,实现了全球精确导航。最初,这些技术主要供军队使用,但随着基础设施的进步,商业公司也得以利用在计算(或空间发射能力)方面的进步来扩大天基基础设施的利用范围。因此,正如航空港一样,航天港的考虑因素也延伸到陆地以外,延伸到空中,延伸到太空。

注释

① 1平方英尺=0.092 9平方米。(编者注)
② 1立方英尺=0.028 3立方米。(编者注)
③ 1华氏度=$\frac{9}{5}$×摄氏度+32。(编者注)
④ 1加仑=3.785升。(编者注)
⑤ 1平方英寸=6.452平方厘米。(编者注)

参考文献

[1] Adams, C. and Petrov, G. (2006). 'Spaceport Master Planning:Principles and Precedents,' In:Space 2006, San Jose, CA:American Institute of Aeronautics and Astronautics.

[2] Arianespace, Service & Solutions. (2016). Ariane 5 User Manual. (5). Available at:www.arianespace.com/wp-content/uploads/2011/07/Ariane5_Users-Manual_October2016.pdf.

[3] Bergin, C. (2013). 'KSC Crawlerway,' NASA. Available at:www.nasaspaceflight.com/2013/01/ksc-crawlerway-facelift-preparation-sls/(Accessed:2 August 2018).

[4] Clark, S. (2015). 'Space Florida to Take Over KSC's Shuttle Runway-Spaceflight Now,' 15 June. Available at:https://spaceflightnow.com/2015/06/15/space-florida-to-take-over-kscs-shuttle-runway/(Accessed:8 August 2018).

[5] Edwards, T. (2003). 'Liquid Fuels and Propellants for Aerospace Propulsion:1903-2003,' Journal of Propulsion Power, Vol. 19, No. 6, pp. 1089-1107.

[6] Federal Aviation Administration. (2009). Letter of Agreement, Operations at

the Cecil Spaceport at Cecil Field, Jacksonville, Florida. With signatories, Jacksonville Center, Miami Center, Jacksonville Approach Control, Cecil ATC Tower, Fleet Area Control and Surveillance Facility Jacksonville, and Jacksonville Aviation Authority/Cecil Spaceport Operations Office. (October 1, 2009).

[7] Front Range Airport. (2018). Front Range Airport Programmatic Environmental Assessment. Available at: www. faa. gov/about/office_org/headquarters_offices/ast/environmen tal/nepa_docs/review/operator/front_range/media/Spaceport_Colorado_Final_PEA. pdf(Accessed: 31 October 2019).

[8] Futron. (2005). Feasibility Study of a Florida Commercial Spaceport for the Florida Space Authority. Available at: https://www. rymdturism. se/images/pdf/Futron – Feasibility – Study – of – a – Florida – Commercial – Spaceport – Sept – 2005. pdf(Accessed:6 June 2018).

[9] Granath, B. (2018). Innovative Liquid Hydrogen Storage to Support Space Launch System, NASA. Available at: www. nasa. gov/feature/innovative – liquid – hydrogen – storage – to – support – space – launch – system(Accessed:3 March 2019).

[10] Gulliver, B. and Finger, G. W. (2010). Can Your Airport Become a Spaceport? The Benefits of a Spaceport Development Plan. In: 48th AIAA aerospace sciences meeting including the new horizons forum and aerospace exposition. American Institute of Aeronautics and Astronautics.

[11] Henry, C. (2018). 'SpaceX Targeting 24 – Hour Turnaround in 2019, Full Reusability Still in the Works,' Space News, May 11. Available at: https://spacenews. com/spacex – targeting – 24 – hour – tumaround – in – 2019 – full – reusability – still – in – the – works/(Accessed:6 September 2019).

[12] Joy, R. (2019). 'Air Force Pumped for Two Launches Less Than 48 Hours Apart,' Florida Today, August. 5. Available at: www. floridatoday. com/story/tech/science/space/2019/08/ 05/air – force – pumped – two – launches – cape – canaveral – week/1926346001 /. (Accessed:6 September 2019).

[13] Mansfield, C. (2011). NASA: Slow – Motion Giants Carry Shuttles to the Pad. Available at: www. nasa. gov/mission _ pages/shuttle/flyout/crawler. html(Accessed:3 August 2018).

[14] Martin, P. K. (2017). NASA's 2017 Top Management and Performance

[15] McCoy, J. F. ed. (2012). Space Sciences (2nd ed., vol. 1, pp. 269 – 275). Detroit, MI: Macmillan Reference U. S.

[16] Midland International Air and Space Port. (2014). FAA's Final Environmental Assessment and Finding of No Significant Impact for the Midland International Air and Space Port.

[17] September 2014. Available at: www. faa. gov/about/office_org/headquarters_offices/ast/ media/Midland_Final_EA_and_FONSI. pdf (Accessed: 31 October 2019).

[18] Murray, D. P. and Ellis, R. E. (2009). 'Air Traffic Considerations for Future Spaceports,' Federal Aviation Administration (FAA). Available at: www. faa. gov/about/office_org/ headquarters_offices/ast/reports_studies/media/DMurray_ATCSpaceports_IAASS07_FINAL. pdf (Accessed: 21 October 2019).

[19] NASA. (1999). 'Vehicle Assembly Building.' Available at: https://science. ksc. nasa. gov/ facilities/vab. html (Accessed: 5 September 2019).

[20] NASA. (2000). NSTS 1988 News Reference Manual. Available at: https:// science. ksc. nasa. gov/shuttle/technology/sts – newsref/stsref – toc. html (Accessed: 8 August 2018).

[21] NASA. (2006). 'Shuttle Basics.' Available at: www. nasa. gov/returntoflight/ system/ system_STS. html (Accessed: 3 May 2019).

[22] NASA. (2007). 'Interview with Mike Leinbach.' Available at: www. nasa. gov/mission_pages/shuttle/shuttlemissions/sts121/launch/qa – leinbach. html (Accessed: 6 September 2019).

[23] NASA. (2008). 'Space Shuttle: Before the Countdown.' Available at: www. nasa. gov/centers/kennedy/missions/shuttle_process. html (Accessed: 6 September 2019).

[24] NASA. (2011). 'How Rockets Work.' Educator's Guide EG – 2011 – 11 – 223 – KSC. NASA. Available at: www. nasa. gov/pdf/153415main_Rockets_How_Rockets_Work. pdf.

[25] NASA. (2012). 'Space Shuttle Launch and Landing.' Available at: www. nasa. gov/mission_pages/shuttle/launch/index. html (Accessed: 3 August 2018).

[26] Range Commanders' Council. (2002). Range Commanders Council Standard 321-02: Common Risk Criteria for National Test Range, Secretariat of the RCC US Army White Sands Missile Range, NM 88002-5110, June.

[27] Rogers, R. M., Ibold, K. R., and Finger, G. W. (2015). 'Spaceports & Airports: Integrating the Similarities/Reconciling the Differences,' In: AIAA SPACE 2015 Conference and Exposition. AIAA SPACE 2015 Conference and Exposition, Pasadena, CA: American Institute of Aeronautics and Astronautics.

[28] Rumerman, J. A. (1998). 'Human Space Flight: A Record of Achievement, 1961-1998,' In: Monographs in Aerospace History: Number 9, August 1998. Available at https://history.nasa.gov/SP-4225/documentation/hsf-record/hsf.htm#shuttle(Accessed: 5 September 2019).

[29] Seedhouse, E. (2017). Spaceports around the World, a Global Growth Industry. Cham: Springer. Available at: ProQuest Ebook Central. (Accessed: 17 November 2019).

[30] Siceloff, S. (2011). NASA: Shuttle Liftoffs Require Precision Launch Pad. Available at: www.nasa.gov/mission_pages/shuttle/flyout/launchpadflyout.html(Accessed: 3 August 2018).

[31] Space Exploration Technologies Corporation. (2015). Falcon-9 Launch Vehicle Payload User's Guide Rev 2, s.l.: Space Exploration Technologies Corporation.

[32] Space Florida. (2017). CCS Master Plan Update. Space Florida. Available at: https://space florida.gov/wp-content/uploads/2018/12/sf-bod-approved-ccs-master-plan-02-01-17.pdf(Accessed: 20 May 2019).

[33] Space Florida. (2018). Draft Environmental Assessment for the Shuttle Landing Facility Launch Site Operator License. Available at: www.faa.gov/about/office_org/headquarters_offices/ast/environmental/nepa_docs/review/documents_progress/space_florida/media/SLF_Draft_EA_508_Compliant.pdf(Accessed: 14 October 2019).

[34] Tegler, E. (2018). 'This Machine Makes Rocket Launches Possible,' Popular Mechanics. Available at: www.popularmechanics.com/space/rockets/a15777930/launching-to-space-at-a-crawl/(Accessed: 3 August 2018).

第5章 航天港业务和财务管理

显然，数十年来，用于政府和军事需求的国家太空中心始终主导着太空环境。随着我们迎来商业活动的新时代，纯粹的军事和政府体制下的国家太空中心应当继续存在，但人们对建立起能够容纳商业提供商的商业航天港的需求和愿望也越来越强。正如美国几座航天港所展现的那样，如今航天港的各项活动都是混合交织在一起的，前军事和政府太空中心，如卡纳维拉尔角空军基地和NASA肯尼迪航天中心等，现已各自成为多用户航天港，这样，在同一个太空中心就可以同时开展政府、军事和商业太空活动。然而，对更多空间基础设施和配套产业，以及商业空间产品和服务的需求，正在引起民族国家和国家太空中心以外许多其他实体的关注。随着商业空间市场不断扩大，各州、地区和地方机构，以及航空机构等都在寻找这一变化可能带来的新收入来源和经济效益。

正如本章下文所示，目前的商业航天港都是通过各种途径投入运营的。例如，美国航天港是由新墨西哥州打造的全新设施，由新墨西哥州航天港管理局运营。该局是专为管理和运营该航天港而设立的机构。佛罗里达州的塞西尔航天港是通过通用航空航空港转型建立的航天港，由杰克逊维尔航空管理局（JAA）运营，该管理局还负责运营杰克逊维尔国际航空港和另外两座通用航空航空港。中大西洋区航天港（MARS）则是根据与NASA签订的《可偿还空间法协议》建立，该协议准允将NASA瓦勒普斯岛上的土地用于建设两座发射场，并允许使用配套基础设施。中大西洋区航天港由弗吉尼亚州成立的弗吉尼亚州商业太空飞行管理局（VCSFA）运营。这些航天港需要在管理方法和创收形式方面进行创新，直到商业太空发射活动、太空运输和旅游业日益兴盛，使航天港可以维持下去。

为了解有关航天港业务的挑战和机遇，本章将研究航天港的当前做法，包括其主要客户和收入来源、商业模式、各种制度和管理形式，以及合作关系和主要资金来源。

5.1 客户和承租商

5.1.1 主要商业客户

在本节中，我们主要关注两类商业客户：①正在为自身的发射寻找发射设施的航天港客户；②需要借助航天港基础设施来提供其他关键服务（即试验和制造）的客户。这两类客户或为发射设施的使用方，或为航天港的承租商，或者两者皆是。

当需要实施商业发射活动时，公司会寻找那些可以让他们根据任务优化其活动，同时又能平衡运营成本和收入的基础设施。如表 5.1 所示，截至 2018 年，表中列出的所有正在运营的航天港几乎都归政府所有，并由政府运营。除了美国以外，全球正在运营的航天港中，可以为商业发射提供商提供发射设施的航天港寥寥无几。由于监管限制、成本和机遇问题，蓝色起源等私营公司希望开发私营航天港，同时与政府实体就美国火箭实验室公司位于其他地区的可用基础设施达成租赁或使用协议，火箭实验室公司将基础设施的建设转向新西兰，将在那里兴建私营发射场。太空探索技术公司则继续开发其南得克萨斯州航天港，同时也在其他地方实施发射。

表 5.1 截至 2018 年正在运营的航天港和商业客户/承租商

国家/地区	航天港名称	所有权	商业客户/承租商
澳大利亚	伍麦拉试验场	公共	无
巴西	阿尔坎塔拉发射中心	公共	无
巴西	巴雷拉多因费尔努发射中心（Centro de Lançamento da Barreira do Inferno）	公共	无
中国	酒泉卫星发射中心	公共	无
中国	太原卫星发射中心	公共	无
中国	文昌卫星发射中心	公共	无
中国	西昌卫星发射中心	公共	无
欧洲（欧洲空间局）	圭亚那太空中心（法属圭亚那）	公共	阿丽亚娜航天公司；阿塞拜疆卫星地面控制站

续表

国家/地区	航天港名称	所有权	商业客户/承租商
印度	萨迪什·达万航天中心	公共	无
伊朗	瑟姆南发射场	公共	无
以色列	帕勒马希姆空军基地	公共	无
日本	种子岛宇宙中心	公共	无
日本	内之浦宇宙空间观测所	公共	无
哈萨克斯坦	拜科努尔航天发射场	公共	无
跨国(夏威夷南部)	奥德赛海上发射平台—基里蒂马蒂发射区	公共	无
朝鲜	西海卫星发射基地	公共	无
朝鲜	东海卫星发射场	公共	无
新西兰	玛希亚半岛1号发射综合体（LC-1）	私营	美国火箭实验室有限公司——发射（垂直起飞）
俄罗斯	杜巴罗夫斯基导弹基地	公共	无
俄罗斯	卡普斯京亚尔靶场	公共	无
俄罗斯	普列谢茨克航天发射场	公共	无
俄罗斯	东方航天发射场	公共	无
韩国	罗老宇宙中心	公共	无
瑞典	雅斯兰吉航天中心	公共	无
美国	蓝色起源发射场（得克萨斯州）	私营	不适用
美国	卡纳维拉尔角空军基地（佛罗里达州）（卡纳维拉尔角航天港）	公共	卡纳维拉尔角航天港的佛罗里达州太空局（使用/租用/管理）；太空探索技术公司——垂直起降发射/着陆；联合发射联盟——垂直起飞；诺斯罗普·格鲁曼公司（轨道ATK公司①）——垂直起飞发射；萤火虫太空——发射

续表

国家/地区	航天港名称	所有权	商业客户/承租商
美国	塞西尔航天港（佛罗里达州）	公共	时代轨道发射服务公司——发射/着陆（水平）
	科罗拉多航空航天港（科罗拉多州）	公共	无
	爱德华兹空军基地（加利福尼亚州）	公共	无
	埃林顿航空港（得克萨斯州）（埃林顿航天港/休斯敦航天港）	公共	无
	肯尼迪航天中心（佛罗里达州）（卡纳维拉尔角航天港）	公共	卡纳维拉尔角航天港的佛罗里达州太空局（使用/租用/管理）；太空探索技术公司——垂直起飞发射；蓝色起源公司——制造；一网卫星（制造）；月球快递公司；萤火虫太空——制造
	米德兰国际航空航天港（得克萨斯州）	公共	AST & Science 公司
	莫哈韦航空航天港（加利福尼亚州）	公共	维珍银河公司（水平起降）；太空船公司（制造）；平流层发射系统公司（制造/水平起降）等
	俄克拉荷马航空航天港（俄克拉荷马州）	公共	无
	太平洋导弹靶场（夏威夷巴金斯沙）		

续表

国家/地区	航天港名称	所有权	商业客户/承租商
美国	太平洋航天港综合体（阿拉斯加州）	公共	阿斯特拉太空公司
	泊克—福莱特研究试验场（阿拉斯加州）	公共	无
	美国航天港（新墨西哥州）	公共	维珍银河公司（水平起降）；太空探索技术公司（试验）；艾克奥斯宇航公司；UP航空航天公司、自旋发射公司（试验）等
	图森航天港（亚利桑那州）	公共	世界景观公司（发射）
	美国陆军夸贾林环礁（里根试验场）（马绍尔群岛）	公共	诺斯罗普·格鲁曼公司（轨道ATK公司）（垂直起飞）
	范登堡空军基地（加利福尼亚州）（加利福尼亚航天港）	公共	加利福尼亚航天港②的哈里斯公司；太空探索技术公司（垂直起飞）；洛克希德·马丁商业发射服务公司；诺斯罗普·格鲁曼公司（轨道ATK公司）
	瓦罗普斯飞行研究所（弗吉尼亚州）（中大西洋区航天港）	公共	中大西洋区航天港的弗吉尼亚州商业太空飞行管理局；诺斯罗普·格鲁曼公司（轨道ATK公司）（垂直起飞）；火箭实验室公司（垂直起飞）
	白沙导弹靶场（新墨西哥州）	公共	无

注：指定为运营商的公共实体包括任何非私有实体（政府、军事、民事、地方机构等）。

民族国家会对太空活动实施监管，通常还会限制这些商业航天公司的运营范围。然而，这种情况正在改变。例如，美国在认识到振兴商业航天业的必要性之后，在2019年签署了一份技术保障协议，允许美国的火箭公司在巴西运营。波音公司、太空探索技术公司、微观宇宙公司、洛克希德·马丁公司和矢量公司等美国企业希望利用地球自转和赤道速度，以及其他可节约发射成本的机会，从阿尔坎塔拉发射中心（Centro De Lançamento de Alcântara）进行垂直发射（Sheetz，2019）。

其他国家也在计划允许开展商业发射。印度的一家私营公司联营体计划在2020年进行发射（Krishnan和Perrmohamed，2016），发射地点可能是萨迪什·达万航天中心。对于水平起降而言，在触手可及的未来，阿联酋、意大利、西班牙、英国和许多其他国家都将迎来像维珍银河公司这样的发射提供商。在本章后面部分，我们将探讨共同商业模式，以及公私合作和公公合作模式的演变与执行，这些模式都有助于航天领域的发展，让多个利益相关者受益。

5.1.2　政府客户

为了实现国家空间目标，美国政府的业务模式发生了转变。随着政府预算捉襟见肘，世界其他国家的政府预计也会纷纷效仿。与过去相比，业务开展方式的重大转变在于，政府与商业实体签订合同，利用企业拥有的技术进行发射并将宇航员送到国际空间站。以前，NASA与公司订立合约，将运载火箭和航天器等的设计和制造工作交由公司负责，最后自己再拥有这些系统的所有权并实施运营。现在，NASA签订有关机组人员和货物的商业合同，利用企业拥有和运营的运载火箭和航天器发射并运送宇航员和货物；国际空间站货物运输任务，让这种业务模式就此开启。随着思维发生根本性转变，需要制定新的合同条款、流程和程序，需要改变文化，以及建立不同的组织间关系。它还使商业提供商迎来了新一类政府客户；相反，也使政府迎来了新一类商业发射提供商，即太空探索技术公司。随着NASA 2024年各项新月球计划的推进，这种思维方式的转变——与商业服务公司签订服务合同而非产品合同，仍将继续存在。

虽然各方都认识到这种转变所带来的积极结果，但这种合同方式的转变，以及政府与军队客户和商业供应商之间关系的转变仍然会导致问题和紧张局势爆发。现在，商业提供商在向政府提供服务时，还需要使用航天港的处理、集成和发射设施，而这些设施通常都是政府资产。在这些新的协议中，有一部分已经禁止政府雇员进入当前出租给新供应商的政府资产所在地，导致政府和承包商之间出现摩擦。相反，在需要安全许可的军事或政府行动期间，即使最终客户可能是政府或军事实体，新的商业提供商往往也无法在政府资产所在地上开展活动，这导致其行动滞缓和成本增加。

此外，新的提供商在开展业务时锐意进取，而波音、联合发射联盟和洛克希德·马丁公司等传统公司已形成了制度化，囿于自身原有的流程、程序和文化等，其灵活变通能力都不如新兴企业，而且成本也更高。但是，传统公司深谙与政府"做生意"之道，无论是他们的产品还是服务，可靠性和质量都很高。虽然现在这种现象在美国出现，但只要政府/军队和传统提供商保持长期合作与契约关系，那么它也有可能在世界其他地方出现。最后，虽然上述讨论以非军事政府为重点，但商业提供商也向军队提供发射服务，通常都是卫星发射，并且这种做法由来已久。

5.1.3　商业和商业伙伴

如同航空港一样，航天港也设有商业园区和工业园区，这些划定和规划的园区均用于商业/工业开发。随着经济效益和市场机遇增长途径进一步开放，未雨绸缪、提前规划才是立足于充分利用商业空间的关键所在。在太空旅游成为现实之前，航天港可以允许租用研发空间和卫星办公室等场所，直到发射业务开始创收。

航天港还可以提供制造业务场所，以及企业开展试验活动所需的场所。表5.1重点列举了一些公司，其中颇具代表性的两家公司分别为平流层发射系统公司与太空探索技术公司。平流层发射系统公司在莫哈韦航空航天港进行试验和制造，而太空探索技术公司则在美国航天港进行试验。此外，这些以（通用航空和/或商业航空）航空港形式运营的航天港具有一大优势，它们可以提供相关场所，供航空利益方租用，只要航空管理局认为合适，例如米德兰国际航空航天港（商业航空港）和塞西尔航天港（通用航空航空港）向客户提供的租用场所。从其他国家来看，俄罗斯的东方航天发射场最终将成为一座航天城，拥有航空港、酒店、学校、商业中心和工业园等配套设施（Zak，2014），能为其他企业和商业伙伴提供基础设施。

如上所述，许多实体正在研究如何把握商业航天带来的一些市场机遇。然而，整个行业仍处于萌芽状态，因此它本身就充满风险，投资回报率（ROI）的产生速度一直很慢。要想继续在这个行业中存活，航空航天港就必须改变其商业模式，直到开始产生利润更丰厚的回报——这将是我们下一节的主题。

5.2 商业模式

"即使在最理想的情况下,对商业模式的定义仍然比较模糊,通常,从广义上讲,它看似是指公司的经营与创收方式"(Porter,2001)。对于尚处于起步阶段的行业,航天港商业模式的定义更加"含混不清"。因此,本节将从更广泛的意义上讨论商业航天港的商业模式,包括商业航天港的建立与运营方式。

5.2.1 成为商业航天港

总的来说,目前的商业航天港通过三种途径建立:①国家航天和军事基地;②现有航空港发展为航空航天港;③新建航空港。表5.1概述了现在的航天港和允许商业运营的航天港,而本节将对其中部分航天港的形成和商业模式进行深入讨论。我们特别选择以下航天港来做进一步研究:

- 由国家航天中心和军事基地演变而来的航天港:加利福尼亚航天港、中大西洋区航天港和卡纳维拉尔角航天港。
- 由现有航空港发展而成的航天港:莫哈韦航空航天港、俄克拉荷马航空航天港、塞西尔航天港、米德兰国际航空航天港和埃林顿航空港(休斯敦航天港)[③]。
- 作为新建项目建造的航天港:阿拉斯加太平洋航天港综合体和美国航天港。

5.2.1.1 国家航天中心和军事基地

20世纪80年代前,航天港是用于军事或空间探索的联邦或国家设施,几乎完全由NASA等国家机构资助。到20世纪80年代,各国政府开发的航天器开始运载商业载荷(卫星),商业公司也开始开发和制造商业空间飞行器。这些商业公司都希望在商业发射场(航天港)内开展运营,倒也不足为奇。向公众提供商业服务的航天港,无论其归何方所有,都会被列为商业航天港予以监管。在其他国家,这些航天港大多仍由军队或其他国家政府机构运营,如中国的酒泉卫星发射中心、印度的萨迪什·达万航天发射中心和法属圭亚那的圭亚那太空中心。在美国,政府设施在承接商业活动时,必须作为商业航天港获得许可,并受到监管。目前,美国有三座商业航天港位于联邦设施内,它们均由商业航天港管理局运营,运营地点都是政府或军事设施内的租用/许可地或发射场所。

5.2.1.1.1 加利福尼亚航天港

加利福尼亚航天港与范登堡空军基地位于同一地点，坐落于加利福尼亚州中部海岸，洛杉矶西北约 150 英里处。它由卫星处理厂房和航天发射综合体组成，目前由哈里斯航天港系统公司运营（见注②）。范登堡空军基地发射的航天器向南或西南飞行，可以将卫星送入极轨道和太阳同步轨道，无须飞越人口密集地区，从而可以定期进行全球覆盖。因此，它经常被用于发射地球观测卫星、气象卫星和侦察卫星。

范登堡空军基地曾被选为西海岸航天飞机的发射和着陆场。1965—1986 年，美国空军对该基地的投资达 50 多亿美元（Seastrand，1995）。但航天飞机从未在这里发射或着陆。范登堡的航天飞机计划于 1989 年 12 月正式终止。在此之前，在 1986 年"挑战者"号灾难发生后，美国空军和 NASA 共同决定将航天飞机活动集中到卡纳维拉尔角。不过，6 号航天发射综合体（SLC-6）拥有航天飞机活动所需的所有基础设施和设备，包括液态氢和液态氧储罐、有效载荷准备室、航天器装配大楼等。此外，它还有一条 15 000 英尺长的跑道，可供轨道飞行器着陆。

1991 年年末，美国空军向摩托罗拉提出建议，将范登堡作为其铱卫星的发射基地。摩托罗拉最初拒绝这一提议，但最终与洛克希德·马丁公司和麦克唐纳—道格拉斯公司签署了价值 11 亿美元的卫星和助推器合同。正如美国前国会女议员、加利福尼亚州航天港管理局前执行主任安德莉亚·塞斯特兰德（Andrea Seastrand）所言，摩托罗拉的决定是将范登堡空军基地转变为商业太空发射设施的关键步骤（Congressional Record，1995）。1997 年 5 月，第一批 5 颗铱星由"德尔塔"2 号火箭从北范登堡发射综合体发射到极轨道。截至 2002 年 2 月，在 12 次任务中，共有 60 颗铱星由"德尔塔"2 号火箭从范登堡发射升空。

1992 年 5 月 8 日，西部商业航天中心（WCSC）公司成立，它是位于加利福尼亚州的一家非营利性公司（Martin 和 Smith，1996）。1993 年，加利福尼亚州众议院通过立法，指定西部商业航天中心为加利福尼亚航天港管理局，对加利福尼亚航天港在其从空军租赁的土地上的开发活动实施监管。加利福尼亚州还对范登堡空军基地的商业发射活动免征营业税和使用税。2005 年，免税范围扩大到包括航天活动的地面配套设施。

空军批准了西部商业航天中心的提议，将 6 号航天发射综合体的一部分作为处理厂房重新启用，并对 6 号航天发射综合体以南航天港设施的建设开始实施环境分析。项目总预算为 366 万美元，空军出资额为项目成本或 235 万美元，以较低者为准。空军出资额的其中一项条件是，西部商业航天中心必须从一家主要从事发射服务的美国纳税企业获得对等资金项目成本的10%。西部商业航天中心决定成立一家独立的营利性公司——加利福尼亚商业航天发射场公司（CCSI）。该公司负责为航天港设施建造和运营筹集额外资金（Martin和Smith，1996）。

1994年11月，国际航天发射场公司（SSI），即ITT工业公司[④]和加利福尼亚商业航天发射场公司成立的有限合伙企业，宣布了价值3 300万美元的范登堡空军基地商业航天港计划（Peltz，1994）。该航天港专门用于发射重达5 000磅的中小型有效载荷（商业卫星）。1995年3月，美国空军和西部商业航天中心针对6号航天发射综合体以南100多英亩[⑤]的土地，签署了25年的独家使用租约。这片土地将用于建设商业发射设施，包括有效载荷处理厂房。此后，西部商业航天中心又与国际航天发射场公司签署了转租协议。空军也与西部商业航天中心签署了商业太空活动支持协议。这一航天港的所有商业发射活动都将使用美国国防部的发射场进行遥测跟踪、光学跟踪和指令销毁（Raymond，1997）。国际航天发射场公司旨在"向摩托罗拉、轨道科学公司和其他计划打造卫星星座的公司提供实惠、有效的（发射）成套服务"（Peltz，1994）。

1996年，国际航天发射场公司获得联邦航空管理局在美国境内授予的第一个商业航天港许可证，可以在范登堡以加利福尼亚航天港的名义开展商业发射设施运营活动。1999年，其8号航天发射综合体投入使用，通过小型"米诺陶"级助推器，能够支持极地和弹道发射轨道。2000年1月26日，空军的轨道亚轨道空间飞行器"米诺陶"（在"民兵"2的基础上改造而成）搭载着由空军学院和韦伯州立大学共同研制的卫星（JAWSAT）有效载荷，从加利福尼亚航天港发射升空（Space Daily，2000）。这标志着美国首次在私人运营的商业航天港成功进行发射。空军JAWSAT任务经理Luis Marina中尉表示："通过竞标，空军选定了国际航天发射场公司的商业航天港，因为从任务要求和成本方面考虑，它能为政府带来最佳价值"。此外，这还标志着过剩的"民兵"助推器在太空发射中的首次应用。2000年1月26日—2011年8月11日，共有6枚"米诺陶"一号火箭和3枚"米诺陶"四号火箭从8号航天发射综合体发射升空。

2010年2月，国际航天发射场公司获得无限定交付、无限定数量（IDIQ）合同，可为空军太空与导弹系统中心发射试验中队提供航天港发射服务。这份有效期为五年的合同最高价值达4 800万美元（ITT，2010）。除了国际航天发射场公司运营的8号航天发射综合体，范登堡空军基地的4号航天发射综合体（两个发射台）和6号航天发射综合体也用于发射火箭和空间飞行器。1963—2005年，4号航天发射综合体发射了"宇宙神"和"泰坦"火箭。

2010年6月，铱星通信公司宣布与太空探索技术公司签订价值4.92亿美元的合同。太空探索技术公司将在2015—2017年通过7枚"猎鹰"9号火箭，从范登堡发射70颗第二代铱星卫星（Moskowitz，2010）。太空探索技术公司于2011年与空军签署租约，将航天发射综合体4E作为"猎鹰"9号的发射台。2013年9月，经过两年的重构和重建后，太空探索技术公司首次使用该发射综合体成功发射了加拿大的CASSIOPE实验卫星。2017年1月14日，首批10颗第二代铱星卫星从航天发射综合体4E发射升空。范登堡总共执行了8次第二代铱星卫星发射任务，"猎鹰"9号共携带了75颗卫星从这里发射升空。最近一次发射是在2019年1月11日。图5.1为太空探索技术公司的"猎鹰"9号火箭，它正矗立在范登堡空军基地发射台上，准备执行铱星发射任务。

图5.1 "猎鹰"9号火箭

资料来源：太空探索技术公司，2019a

截至2019年6月，除了第二代铱星外，太空探索技术公司还在航天发射综合体4E成功执行了另外7项发射任务。

此外，2015年2月，太空探索技术公司通过一份为期五年的租约，接管了附近的航天发射综合体4W。随后，该公司将航天发射综合体4W更名为4号着陆区。2018年10月，"猎鹰"9号的第一级助推器在加利福尼亚州海岸的着陆区首次成功着陆。

在开发之初，6号航天发射综合体计划用于"泰坦"三号和载人轨道实验室（MOL），后来经过重建，准备用作航天飞机的西海岸发射场，但航天飞机从未在此发射。1995—1999 年，6 号航天发射综合体执行了 4 次"雅典娜"（Athena）发射任务，成功 2 次。1999 年 9 月 1 日，波音公司与空军达成租赁协议，从 6 号航天发射综合体发射其新开发的"德尔塔"4 号运载火箭。为了满足"德尔塔"4 号的需要，波音公司对发射台进行了改装。2006 年 6 月 27 日，"德尔塔"4 号首次从 6 号航天发射综合体成功发射升空。截至 2019 年 1 月，6 号航天发射综合体共成功执行 8 次"德尔塔"4 号发射任务，包括 7 次美国国家侦查局（NRO）任务和 1 次国防气象卫星计划任务。

1966—2018 年，"德尔塔""雷神—阿金纳"（Thor–Agena）和"德尔塔"2 号火箭均通过航天发射综合体 2W 发射。"德尔塔"2 号的最近一次发射是在 2018 年 9 月 15 日，它携带 NASA 的"冰、云和陆地高度卫星"2 号（ICESat–2）从航天发射综合体 2W 发射升空，这是"德尔塔"2 号的第 100 次成功飞行（Pearlman，2018）。航天发射综合体 2W 正在进行改造，以发射萤火虫航空航天公司的"萤火虫"-α（Firefly Alpha）火箭。2018 年 5 月，该公司获得空军批准，接管了该发射台。"萤火虫"-α 是用于小型卫星的两级轨道一次性运载火箭，适用于完整飞行器和共乘客户。首枚"萤火虫"-α 最初预计在 2019 年第三季度发射（Clark，2018），但因供应商延误推迟到 2020 年（Brinkmann，2019）。

5.2.1.1.2 中大西洋区航天港

中大西洋区航天港设在 NASA 的瓦罗普斯飞行研究所内，位于弗吉尼亚州东海岸诺福克东北约 100 英里处，是 NASA 瓦罗普斯分区的一部分。瓦罗普斯岛火箭发射场由 NASA 的前身——美国国家航空咨询委员会（NACA）于 1945 年设立，用作空气动力学试验台和轨道发射设施。瓦罗普斯岛发射的首个有效载荷是"探险者"九号（Explorer IX）卫星，它由"侦察兵"运载火箭驮运，于 1961 年 2 月 15 日发射入轨。截至目前，瓦罗普斯飞行研究所已经发射了 1.6 万多枚火箭，搭载过飞机模型、科学实验和技术开发有效载荷及卫星（NASA，2017）。图 5.2 为中大西洋区航天港在谷歌地图上的鸟瞰图。

瓦罗普斯飞行研究所设有 6 个发射台、3 座发射管制台以及装配大楼，用于亚轨道和轨道运载火箭的准备和发射。在瓦罗普斯飞行研究所，NASA 火箭发射场配备了发射场安全系统、监视系统、飞行器跟踪和通信系统、指挥系统、气象服务系统、光学系统、发射场控制中心、有效载荷处理和运载火箭集成设施，为亚轨道和轨道运载火箭任务提供支持。瓦罗普斯飞行研究所还有 3 条飞机跑道。

弗吉尼亚州商业太空飞行管理局，又称"弗吉尼亚州太空局"，由弗吉尼

图 5.2 中大西洋区航天港

资料来源：谷歌，2019a

亚州议会于 1995 年成立。1997 年，弗吉尼亚州太空局与 NASA 签订了《可偿还空间法协议》，将 NASA 瓦罗普斯岛上的土地用于建设发射台。该太空局在向联邦航空管理局提出申请后获得发射入轨许可证，中大西洋区航天港由此诞生。中大西洋区航天港位于瓦罗普斯岛南部，其纬度高于范登堡和卡纳维拉尔角，是向国际空间站发射火箭的理想之所。

中大西洋区航天港的发射综合体建于 1998 年，有两个发射台。发射台 0A 是中型发射设施（MCLF），配备具有计算机控制系统的低温液体燃料设施、强化发射架、电气和环境控制系统以及重力式淡水雨淋灭火系统。发射台 0A 目前是诺斯罗普·格鲁曼公司（前 ATK 轨道公司）"安塔雷斯"运载火箭的发射台。该公司负责向国际空间站运送货物，合同有效期至 2024 年。发射台 0B 是小型发射设施（SCLF），配备有发射托座、可移动式勤务塔和环境控制系统。发射台 0B 主要发射诺斯罗普·格鲁曼公司的"米诺陶"级运载火箭，但经过重构后，也可以发射现有几乎任何一种小型运载火箭。事实上，在 2013 年 9 月，中大西洋区航天港的发射台 0B 曾进行过改造和升级，以利用当时轨道科学公司的新型"米诺陶"五号运载火箭，完成 NASA 的月球大气与粉尘环境探测器（LADEE）登月任务。该综合体还设有飞行器和有效载荷处理厂房、配套仪器及应急厂房。

2006 年 12 月，第一枚运载美国空军卫星"战术星"-2（TacSat-2）和 NASA 卫星"基因星"-1（GeneSat-1）的火箭"米诺陶"一号从中大西洋区航天港发射台0B发射升空。据报道，空军为这次发射向中大西洋区航天港支付了62.1万美元。2014年1月，首次国际空间站补给任务"天鹅座CRS Orb－1"利用"安塔瑞斯"运载火箭发射升空。2019年11月2日，诺斯罗普·格鲁曼公司高139英尺的"安塔瑞斯"火箭从发射台0A发射升空，运载着超过3 700千克的货物前往国际空间站（Clark，2019），它标志着中大西洋区航天港成功完成了第16次发射，其发射任务还包括8次国际空间站补给任务。

2017年5月，弗吉尼亚州太空局在瓦罗普斯飞行研究所北端开放了一条3 000英尺长×75英尺宽的跑道，专供无人机和无人驾驶飞行器使用。这一国有设施耗资580万美元，称为中大西洋区航天港无人机系统（MARS UAS）航空港，由弗吉尼亚州太空局拥有和运营。2019年7月，瓦罗普斯岛北端新建的价值3 100万美元的有效载荷处理厂房由弗吉尼亚州州长拉尔夫·诺瑟姆（Ralph Northam）正式揭幕。新设施设有几个货舱，可对机密和敏感的科学任务进行安全处理（Vaughn，2019）。它将用于无人机或火箭携带的卫星及其他有效载荷的准备，可以同时服务多个客户。弗吉尼亚州太空局认为，新设施将有助于他们与佛罗里达州、加利福尼亚州和阿拉斯加州的航天港展开竞争。

2018年10月，火箭实验室（总部位于加利福尼亚州）宣布，将在中大西洋区航天港建造其2号发射综合体（LC－2）。2号发射综合体的建设资金包括火箭实验室投资的2 000万美元，弗吉尼亚州长批准的500万美元拨款，以及来自弗吉尼亚州的未公开额外资金。弗吉尼亚州太空局将该发射台称为发射台0C。火箭实验室在2019年9月18日表示，他们在发射台0C的发射平台将于2020年年初做好发射准备（Foust，2019b）。2020年，集成与控制设施（ICF）将在瓦罗普斯研究园开建，可支持多达4个"电子号"飞行器同时集成。集成与控制设施内将设置控制室，与发射台0C相连。发射台0C的设计轨道发射次数为每年12～18次。

火箭实验室提供小型卫星和立方星发射服务，并获得了NASA 695万美元的创业类发射服务合同，负责将NASA的有效载荷发射到近地轨道（Foust，2018a）。2018年12月，火箭实验室的"电子"号火箭从新西兰的1号发射综合体成功发射，携带由NASA立方星发射计划资助的13颗立方星（Foust，2018c）。

5.2.1.1.3　卡纳维拉尔角航天港

卡纳维拉尔角航天港位于佛罗里达州中部东海岸的梅里特岛。根据佛罗里达州太空局的定义，该航天港由NASA的肯尼迪航天中心和卡纳维拉尔角空军基地组成。但需注意的是：

> 卡纳维拉尔角航天港目前并未作为统一实体运营，也未在任何综合管理结构或机构的领导下运营。它作为多领域太空运输综合体的地位仅在《佛罗里达州法规》中有所定义，该法规之所以将其划定到航天港的范畴，是为了符合佛罗里达州太空局在实现佛罗里达州立法机关目的时的法定角色和责任。

（Space Florida, 2017, 第 4 页）。

因此，卡纳维拉尔角航天港只是在名义上包含肯尼迪航天中心和卡纳维拉尔角空军基地，以满足佛罗里达州及其立法机关的要求。肯尼迪航天中心和卡纳维拉尔角空军基地分别由美国联邦政府所有和运营。这种安排与弗吉尼亚州的中大西洋区航天港和范登堡空军基地的加利福尼亚航天港相似，但并不相同。根据这种安排，独立法律机构佛罗里达州太空局负责管理和经营航天港中指定用于商业运营的某些部分，对此，下文将做进一步说明。

肯尼迪航天中心的前身为 NASA 发射运行中心，于 1962 年 7 月 1 日正式成立。1963 年 11 月 29 日，不载人"土星"五号运载火箭发射升空，这是肯尼迪航天中心首次承担的发射任务。1998 年 12 月 21 日，"阿波罗" 8 号从发射台 39A 升空，这是肯尼迪航天中心执行的首次载人发射任务。此后，肯尼迪航天中心一直是 NASA 载人航天的主要发射场，管理并完成了"阿波罗"、天空实验室和航天飞机项目在 39 号发射综合体的发射操作。

卡纳维拉尔角空军基地位于梅里特岛肯尼迪航天中心的东南偏南方向，通过桥梁和堤道与肯尼迪航天中心相连。卡纳维拉尔角空军基地是美国东部靶场的主要发射场，支持卡纳维拉尔角空军基地和肯尼迪航天中心的导弹和火箭发射，同时支持法属圭亚那太空中心的"阿丽亚娜"发射和瓦罗普斯飞行研究所的发射。卡纳维拉尔角空军基地是美国历史上众多太空探索创举的发射场，比如，这里曾发射过美国第一颗地球卫星（1958 年）、美国第一名进入轨道的宇航员（1962 年）和第一个绕水星轨道运行的航天器（2011 年）。目前，卡纳维拉尔角空军基地设有五座轨道航天发射综合体和一条 1 万英尺长的跑道。

1989 年，佛罗里达州通过立法成立了佛罗里达州航天港管理局（SFA）。1992 年，管理局开始制定建设航天港的构想，1993 年，它开始与美国海军共用位于卡纳维拉尔角空军基地的 46 号航天发射综合体。佛罗里达州航天港管理局并非 46 号航天发射综合体的所有方，而是与美国海军和空军签订了资产协议，将46号航天发射综合体作为多用途商业发射设施来运营，并获得联邦航空管理局颁发的46号航天发射综合体发射场运营许可证。1997年，在46号航天发射综合体准备投入商业太空活动之前，数百万美元商业资金、联邦资金和州资金就纷纷涌入。1998年1月7日，洛克希德·马丁公司的"雅典娜"二号搭载"月球探勘者"号（Lunar Prospector）航天器，从46号航天发射综合体发射升空。1999年1月27日，"雅典娜"一号搭载中国台湾地区的第一颗卫星"中华卫星"一号（ROCSAT-1）发射升空。46号航天发射综合体是全球首座能够发射不止一种飞行器构型的发射设施，可以对各种直径和高度的飞行器进行叠加、集成和发射前检修。

2006年5月，佛罗里达州立法机关颁布了《佛罗里达州太空局法案》，成立了佛罗里达州太空局。该局是州级航空航天经济发展机构，由三个现有州级太空实体合并而成（佛罗里达州太空管理局、佛罗里达州太空研究中心和佛罗里达州航空航天金融公司）。2009年12月，美国海军和佛罗里达州太空局签署《联合使用协议》（JUA），协议规定，任意一方均可根据需要，享有对46号航天发射综合体的充分使用权。2010年3月，佛罗里达州太空局获得美国空军授予的不动产许可证，可以继续在46号航天发射综合体和36号航天发射综合体进行建造和整修工作。

佛罗里达州太空局与NASA签署了有效期30年的资产协议，并于2015年成为肯尼迪航天中心航天飞机着陆设施的新运营商（Schmidt, 2015）。佛罗里达州太空局已经将航天飞机着陆设施更名为发射和着陆设施（LLF）。发射和着陆设施设有一条15 000英尺长的高摩擦力混凝土跑道（15/33），两端设1 000英尺的铺面缓冲跑道，同时还设有空中交通管制塔台、现场飞机救援与消防（ARFF）D级消防和应急响应设施，以及通向限航区的通道。2018年11月，联邦航空管理局向佛罗里达州太空局颁发了发射场运营许可证，使其实现了对发射和着陆设施的全面运营，卡纳维拉尔角航天港也因此具备了水平发射和着陆能力。发射和着陆设施占地500英亩，已进行了改造，可容纳不同类型飞行器。该设施的承租商和客户包括星际战斗机公司（Starfighters）、洛克希德·马丁公司、联合发射联盟和各车企。佛罗里达州太空局表示，发射和着陆设施是"水平飞行、亚轨道飞行训练和研究、失重飞行以及航空和空气动力学飞行测试的理想之选"（https://www.spaceflorida.gov/facilities/llf/）。佛罗里达州太空局的发射和着陆设施区域开发计划规划了多个机库，配备办公室和商店，旅客处理/培训和操作设施，装配、加工和制造设施，以及推进剂和燃料供应设施。

2011年12月，佛罗里达州太空局与肯尼迪航天中心合作，在肯尼迪航天中心门外开发了占地299英亩的探索公园。太空生命科学实验室（SLSL）就坐落于探索公园内，它是佛罗里达州太空局和NASA共同开发的另一个合作项目，拥有最先进的国际空间站生物技术研究设施。在卡纳维拉尔角航天港，佛罗里达州太空局的其他设施包括航天飞机着陆设施南端的可重复使用运载火箭机库、肯尼迪航天中心39号发射综合体区域内的处理控制中心（PCC）、肯尼迪航天中心的操作及检测厂（O&C）、水平综合装配厂（HIF）以及商业乘员和货物处理厂（C3PF）。

2016年，蓝色起源公司与佛罗里达州太空局达成协议，租赁36号航天发射综合体，并在探索公园建造一座75万平方英尺的火箭工厂（超过2亿美元）。这笔交易包括布里瓦德（Brevard）县提供的800万美元激励计划。2018年年末，蓝色起源公司签订协议，在探索公园新建一座造价6 000万美元的试验和整修厂。这项新协议有一项规定，即州政府将利用税款来偿付蓝色起源公司高达400万美元的公共基础设施（如道路和公共设施）建设成本。2019年3月，蓝色起源公司向佛罗里达州提交了90英亩"南区"扩建计划（Kelly，2019）。

除了由佛罗里达州太空局运营或管理的设施外，太空探索技术公司还于2007年租赁了空军位于卡纳维拉尔角空军基地的40号航天发射综合体；于2014年与NASA签署了有效期为20年的资产协议，以使用和运营发射综合体39A；于2015年与空军签署了租期5年的租赁协议，将卡纳维拉尔角空军基地的13号发射综合体开发为着陆台，用于可重复使用"猎鹰"9号运载火箭和"猎鹰"重型火箭助推器（1号着陆区和2号着陆区）。2010年6月，太空探索技术公司在40号航天发射综合体首次成功发射"猎鹰"9号运载火箭，2017年2月，火箭首次从发射综合体39A⑥成功发射，随后火箭的第一级在1号着陆区成功着陆。截至2019年10月，太空探索技术公司已从45号航天发射综合体完成了37次发射，从发射综合体39A完成了18次发射。此外，太空探索技术公司的"龙"飞船和"猎鹰"9号火箭于2019年10月抵达卡纳维拉尔角，为其飞行中止试验做准备。"龙"飞船于2020年2月抵达卡纳维拉尔角空军基地，目前正在进行最终试验和发射前处理，目标是在5月初进行发射。

图5.3为太空探索技术公司的"猎鹰"9号正从卡纳维拉尔角起飞。

2019年4月，太空探索技术公司提交环境审查文件，文件显示，太空探索技术公司正在规划300英尺的发射控制中心、13.3万平方英尺的火箭处理

图 5.3 卡纳维拉尔角航天港

资料来源：太空探索技术公司，2019b

和储存厂房、新的安全办公室、28 万平方英尺的公用设施场地以及"火箭花园"（Sheetz，2018）。

2019 年 1 月，3D 打印火箭开发商相对空间公司（Relationship Space）获得空军批准，将卡纳维拉尔角空军基地的 16 号发射综合体用于发射其 100 英尺高的"人族"1 号（Terran 1）火箭。相对空间公司获得 16 号发射综合体 20 年的独家使用权，并计划建造有效载荷处理厂房、飞行器集成机库、水平运输设备/竖立机、推进剂储存场和其他设备（Foust，2019a）。16 号发射综合体位于太空探索技术公司着陆台（原 13 号发射综合体）北部。

最后，值得注意的是，联合发射联盟利用两种一次性运载火箭——"德尔塔"4 号和"宇宙神"5 号，为美国政府提供太空发射服务。这两种运载火箭均在卡纳维拉尔角空军基地发射，其中"德尔塔"4 号从 37 号航天发射综合体发射，"宇宙神"5 号从 41 号航天发射综合体发射。此外，佛罗里达州太空局计划将 16 号发射综合体以北的 20 号发射综合体改造成小型发射综合体。

5.2.1.2 航空港向航空航天港转变

美国目前的几座商业航天港最初都是航空港，后来许可手续办理完成后，便转变为航空航天港。这些航天港可以利用航空港的现有基础设施，从而降低初始建设成本，它们通常具备兼容性和/或经过设计后可以支持水平太空发射和着陆。航空港转变为航天港的许可办理要求按《美国联邦法规》第 14 编第 420 部分（14 CFR 第 420 部分）执行。许可办理过程比较漫长，可能需要 2~4 年，甚至更长时间。Gulliver 和 Finger（2010）称，2010 年许可申请和环境评估的费用在 50 万~100 万美元。本节将探讨按照这一路径获得许可的五座航天港。

5.2.1.2.1 莫哈韦航空航天港

莫哈韦航空航天港（莫哈韦航空港）位于加利福尼亚沙漠，海拔2 801英尺，距离洛杉矶国际航空港两个多小时的车程，距离爱德华兹空军基地大约30分钟的车程。图5.4是谷歌地图上的莫哈韦航空航天港鸟瞰图。

图5.4　莫哈韦航空航天港

资料来源：谷歌地图，2019

在第二次世界大战期间，这里是海军陆战队三级航空站和射击训练靶场，战后成为美国海军航空站，用于无人机行动。这一设施在停用后曾多次由不同军事单位再度投入使用，直至1961年迁移到克恩县（Kern）。1972年2月24日，依照《加利福尼亚州公用事业法》（PUC）第9部分第22001节《加利福尼亚州航空港区法案》，东克恩航空港区（以下简称"航空港区"）成立。《加利福尼亚州航空港区法案》条款规定，该航空港区具有莫哈韦航空港的所有权和运营权。克恩县7号航空港由克恩县搬迁至该航空港区。1972年11月15日，航空港更名为莫哈韦航空港。该航空港区由选举产生的五人理事会管理，任期五年。理事会于2012年11月20日投票决定，以该航空港区的名称来命名其管辖的航空港。2013年1月1日，东克恩航空港区正式成为莫哈韦航空航天港。

该航空港地处沙漠，人烟稀少，毗邻爱德华兹空军基地，因此一直是主要的飞行试验活动中心。在爱德华兹空军基地上空及其周围的空域，从地面到无限高度均为禁飞区，并且设有超声速走廊。2004年6月17日，莫哈韦航空航天港成为第一座获得发射场运营商许可证的内陆发射场。人们认为它处于最成功的商业航天港之列。

最早选择莫哈韦作为根据地的航天公司包括旋转火箭公司（Rotary Rocket）。它在莫哈韦航空航天港租赁了 4.5 万平方英尺的厂房，将"罗顿"（Roton）概念开发为可重复使用单级入轨载人航天器，并在其莫哈韦厂房内完成了试验飞行器的制造。旋转火箭公司的试验飞行器机身由缩尺复合体公司（Scaled Composites）制造，该公司也是第一批进驻莫哈韦的航天公司。旋转火箭公司在莫哈韦进行了 3 次试飞，后因资金不足，于 2001 年年初被迫关闭。尽管旋转火箭公司在莫哈韦的租期相对较短，但它开启了小型企业将莫哈韦作为基地实施航天新技术研发的先河。

缩尺复合体公司于 2004 年 4 月 1 日获得联邦航空管理局授予的第一个亚轨道载人火箭飞行许可证。2004 年 6 月 17 日，莫哈韦航空港获得了航天发射场运营许可。几天后，即 2004 年 6 月 21 日，"白骑士"载机携带"太空飞船"一号（SpaceShipOne）从莫哈韦航空港首次发射升空。"太空飞船"一号由缩尺复合体公司开发，由微软联合创始人保罗·艾伦（Paul Allen）资助。此次发射标志着首次私人资助的人类亚轨道飞行圆满完成。莫哈韦正式成为航空航天港。2004 年 10 月 4 日，"太空飞船"一号荣获安萨里 X 大奖。其他几个角逐"X 奖"的团队也将莫哈韦航空航天港作为试验场地。

获得发射场运营商许可证后，莫哈韦既可以执行水平发射的亚轨道火箭的发射任务，也可以为商业运载火箭制造及其他试验和制造活动提供其他服务。该设施目前占地 2 998 英亩，有 3 条跑道。除了缩尺复合体公司[⑦]之外，莫哈韦还是商业太空旅行领域一些知名企业的所在地，包括马斯滕航天系统公司、维珍银河公司、太空船公司、平流层发射系统公司、轨道间系统公司、飞行试验航空公司和轨道 ATK 公司（现隶属于诺斯罗普·格鲁曼公司）。莫哈韦航空航天港 50% 以上的收入来自私人资助的商业航天研发公司，但也包括相关的试验和制造企业。其他运营收入包括通用航空燃料销售收入，以及风能项目等产生的非营业收入。

5.2.1.2.2　俄克拉荷马航空航天港

俄克拉荷马航空航天港原名克林顿—谢尔曼工业航空港，位于俄克拉荷马城以西约 100 英里的伯恩斯平附近。在联邦航空管理局许可的航天港中，只有它完全避开了限航区或军事行动区。

克林顿—谢尔曼工业航空港与莫哈韦航空港类似，最初在第二次世界大战期间是一座海军航空站。1949 年，该设施迁移到克林顿，用作多余飞机的回收场地。1954 年，联邦政府租下该场地，在扩建跑道和建造新设施后重新启用该设施，并将其命名为克林顿—谢尔曼空军基地。1993 年，西南俄克拉荷马开发局获得了克林顿—谢尔曼工业航空港的控制权（Crowder，未注日期）。这座小型航空港占地 1 690 英亩，有两条平行跑道：5 193 英尺×75 英尺的 17L/35R 跑道和 1.350 2 万英尺×200 英尺的 17R/35L 跑道。该航空港具有一座运行塔、六个商用飞机机库、坠机和救援服务部门以及负责燃料和航空服务的固定基地运营商（FBO），按通用航空航空港设计。最新数据显示，截至 2016 年 5 月，航空港 88% 的运营活动为军用活动（联邦航空管理局表格 5 010）⑧。图 5.5 为俄克拉荷马航空航天港的布局和周围区域。

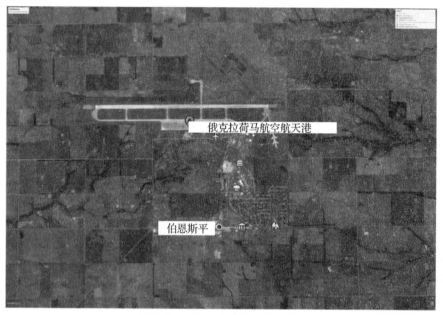

图 5.5　俄克拉荷马航空航天港

资料来源：谷歌，2019b

1999 年，俄克拉荷马州通过《俄克拉荷马州航天工业发展法案》，成立俄克拉荷马航天工业发展局（OSIDA），其目标是让俄克拉荷马州发展成为全国新兴商业航天业领跑者。俄克拉荷马航天工业发展局的任务是制定本州的航天港系统和项目规划，促进空间探索和航天港设施的发展和完善，以刺激太空商业和教育的发展，并推动太空相关产业的研发。该机构由理事会进行管理，理事会由七名成员组成，经州参议院推荐并获得其同意后，由州长任命。

第一任执行理事是该发展局的第一名受薪员工，于 2001 年 6 月聘任，年薪 8.5 万美元（Robinson，2001）。在第一个财年，即 2001－2002 财年，该发展局获得联邦机构和州立机构拨付的42.6万美元预算资金（Robinson，2001）。美国参议员吉姆·英霍夫（Jim Inhoff）在获得250万美元的联邦专项资金方面发挥了重要作用，该资金用于清理克林顿—谢尔曼工业航空港，并将其改造为该州的航天港。此外，2001年5月，该发展局签署了《俄克拉荷马州参议院第55号法案》，使之成为法律，为投资俄克拉荷马州航天业的公司提供数百万美元的免税额度。

2003年，俄克拉荷马州向全球火箭飞机公司（Rocketplane Global）提供1 800万美元的免税额度，以在俄克拉荷马州西部成立太空旅游公司。2006年6月，俄克拉荷马航天工业发展局获得联邦航空管理局颁发的克林顿—谢尔曼工业航空港太空发射场经营许可，该发射场用于亚轨道可重复使用运载火箭的水平起飞和着陆。2006年9月，该局未花分毫便一举收购了这座小型航空港。俄克拉荷马航天工业发展局与西南俄克拉荷马开发局签订合同，为俄克拉荷马航天港提供设施维护服务。遗憾的是，全球火箭飞机公司在2010年夏季申请了"第七章破产"，航天港失去其主要承租商。

美国空军与俄克拉荷马航天工业发展局签署了价值695万美元的五年联合使用协议，美国空军和DoD过境飞机可使用该航空港进行飞行训练。这项协议足以支付90%的航空港所有维护费用，30%以上的员工工资，以及100%的空中交通管制和坠机救援人员费用、设备和服务费用。根据《2019年俄克拉荷马州行政预算》，在2018财年，州拨款占俄克拉荷马航天工业发展局收入的13.4%。

5.2.1.2.3　塞西尔航天港

塞西尔航天港与塞西尔航空港均位于退役的海军航空站塞西尔航空港旧址内，在佛罗里达州杰克逊维尔市中心以西约15英里处。它由杰克逊维尔航空管理局拥有和运营，该管理局还运营杰克逊维尔国际航空港和另外两座通用航空航空港。杰克逊维尔航空管理局是独立的政府机构，由佛罗里达州立法机关于2001年成立，受七人理事会监督[9]。图5.6为塞西尔航天港及其周围环境的鸟瞰图。

海军航空站塞西尔航空港于1941年启用，在停用时为海军的航空站，并于1999年移交杰克逊维尔港务局[10]，后更名为塞西尔航空港。航空港占地6 000英亩，共4条跑道，最长的一条为1.250 3万英尺。该航空港为军用飞机、公务机、通用航空飞机以及航空货运提供服务。在该航空港内，塞西尔航天港占用了200英亩的面积（Lindner，2019）。

2004年，佛罗里达州太空局（当时为佛罗里达州太空管理局）建议塞西

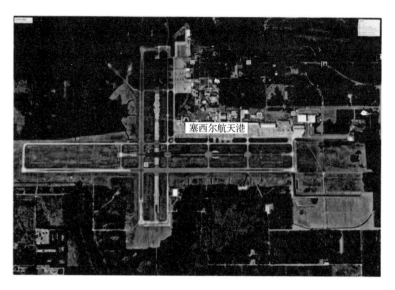

图 5.6 塞西尔航天港

资料来源：谷歌，2019c

尔航空港申请太空发射场运营商许可证，以进行可重复使用运载火箭的水平发射（Lindner，2019）。2006 年，杰克逊维尔航空管理局决定研究在塞西尔开发商业航天港的可行性，并于 2007 年着手申请办理发射场运营商许可证。2010 年，联邦航空管理局向塞西尔航天港授予发射场运营商许可证，并向杰克逊维尔航空管理局拨款 10.480 5 万美元，用于制定航天港总体规划。佛罗里达州时任州长里克·斯科特（Rick Scott）于 2012 年 8 月签署法律，将塞西尔航空港定为"太空区域"，使塞西尔有资格获得佛罗里达州运输部（FDOT）和佛罗里达州太空局的拨款，以资助与航天港相关的运输设施。塞西尔航天港的主要资金来自联邦机构和州立机构拨款。例如，2018 年 6 月，杰克逊维尔航空管理局获得佛罗里达州太空局 180 万美元的配对补助金，为太空活动中心、有效载荷准备设施以及火箭发动机试验设施的设计与建设提供资金。

塞西尔获得航天港许可证后，每年可以进行 52 次 Z 概念亚轨道运载火箭的水平发射。塞西尔航天港还提交了 X 概念的许可申请。据《杰克逊维尔商业杂志》（Jacksonville Business Journal）报道（Burr，2013），塞西尔航天港于 2013 年 12 月与时代轨道发射服务公司签署了首个承租商协议。时代轨道发射服务公司是总部位于亚特兰大的航空航天公司，专门开发小型有效载荷的运载火箭技术。地面试验于 2020 年 1 月进行，飞行试验预计在 2020 年 1 月后的晚些时候（无具体日期）进行（Kindler，2019）。2019 年 9 月，空军太空与导弹系统中心将价值 490 万美元的合同授予亚拉巴马州的太空初创企业 Aevum 公司，由其负责发射实验卫星。Aevum 公司通过招标，选择了塞西尔航天港作为其发射场，成为第二个与塞西尔航天港签订运营协议的客户（Garwood，2019）。首次发射计划于 2021 年第三季度进行。

5.2.1.2.4　米德兰国际航空航天港

米德兰国际航空港位于得克萨斯州米德兰（Midland）和敖德萨（Odessa）之间。该航空港距离得克萨斯州达拉斯（Dallas）约 330 英里，距离埃尔帕索（El Paso）约 300 英里，由米德兰市拥有和运营。1927 年，米德兰航空港最初是一座私人航空港，名为斯隆航空港，后于 1939 年以 1.45 万美元的价格出售给米德兰市。1941 年，经过公共事业振兴署对跑道和滑行道进行改造后，该航空港成为米德兰陆军航空港，也是陆军航空兵轰炸员训练学校的所在地（图 5.7）。

图 5.7　米德兰国际航空航天港

资料来源：谷歌，2019d

第二次世界大战以后，该航空港恢复民用功能。大陆航空公司、跨得克萨斯航空公司和美国航空公司是米德兰航空港的首批空运服务商。20 世纪 70 年代的石油繁荣推动经济快速增长，吸引了一批新进入者，包括美国西南航空公司，而现有的航空公司也增开了航班。遗憾的是，到了 20 世纪 90 年代，几家航空公司纷纷撤出了米德兰航空港。截至 2019 年 3 月，米德兰航空港已开通可直达 7 个目的地的直飞航线，由 3 家航空公司（联合航空公司、美国航空公司和西南航空公司）执飞。航空港占地约 1 800 英亩，有 4 条沥青跑道，最长的一条为 9 501 英尺；其中 2 条跑道不对 6 万磅以上的飞机开放。

2012 年，米德兰开发公司（MDC）开始着手进行商业太空发射场申请的编写与递交工作。2012 年 7 月，XCOR 航空航天公司宣布在米德兰航空港设立研发总部的计划。米德兰市通过米德兰开发公司与 XCOR 达成了 1 000 万美元的搬迁激励协议，条件是米德兰航空港要获得航天港许可证。2013 年 6 月，米德兰市议会批准米德兰开发公司以 400 万美元购买土地（374 英亩），以扩大航天港的应用范围。此外，米德兰市和米德兰县共同成立了航天港开发公司（Spaceport Development Corporation），该公司可申请州拨款。2013 年，航天港开发公司获得得克萨斯州航天港信托基金 200 万美元的拨款。这笔资金用于航天港 I 期开发，包括道路、水管、下水道以及停车场的建设。2014 年 1 月，米德兰开发公司与轨道旅行用品公司（Orbital Outfitters）就迁往米德兰一事达成了 700 万美元的激励协议。轨道旅行用品公司将开发和管理高空舱综合体，并制造 XCOR 飞行器专用航天服。

2014 年 9 月，米德兰航空港获得联邦航空管理局颁发的商业航天港许可证，并更名为米德兰国际航空航天港。2018 年 9 月，米德兰市议会投票决定花费 1 万美元为其航天港许可证延期。米德兰国际航空航天港是第一座，也是唯一一座与开通定期航线的商业服务航空港同处一地的商业航天港。据报道，该航天港的总投资达 200 万美元，资金来自航空港停车场收费和航空港土地矿产所产生的收入（Doreen，2018）。该航空港已将 50 英亩的土地指定为航天港商业园，可实施土地租赁，用于航空航天开发，同时，露天场地可用于实施飞行和动能试验。

2017 年 11 月，XCOR 公司申请"第七章破产"。2018 年 3 月，米德兰开发公司终止与轨道旅行用品公司的协议，并获得了该公司所有资产的所有权，包括知识产权。从积极的方面来看，经过一番激烈的竞争后，Avellan 太空技术与科技公司（AST & Science）选择了米德兰航天港商业园区作为其公司新总部和北美卫星批量制造厂所在地（Avellan AST & Science，2018）。Avellan 太空技术与科技公司主要从事小型近地轨道卫星的设计和制造。2019 年 4 月 1 日，其第一颗卫星"蓝行者"1 号（Blue Walker 1）从印度的萨迪什·达万航天中心发射入轨。2019 年 3 月，Avellan 太空技术与科技公司位于米德兰的新工厂启用，该工厂占地 8.5 万平方英尺，计划于 2020 年年初开始首批生产。截至 2020 年 3 月 2 日，该公司为其"太空移动"（SpaceMobile）项目共筹资 1.28 亿美元。它已经在米德兰开始第一颗卫星的内部生产，并开始与发射提供商进行谈判（Henry，2020）。

5.2.1.2.5 埃林顿航空港（休斯敦航天港）

埃林顿航空港是一座军民两用航空港，位于得克萨斯州休斯敦市中心东南约 16 英里处，距离休斯敦的 NASA 约翰逊航天中心约 5 英里。该航空港由美国陆军航空部于 1917 年 5 月 21 日建立，名为埃林顿菲尔德航空港。20 世纪 90 年代，该航空港被休斯敦市并购，成为休斯敦航空港系统的一部分。2009 年，埃林顿菲尔德航空港更名为埃林顿航空港。图 5.8 显示了埃林顿航空港（标记为休斯敦航天港）的位置。

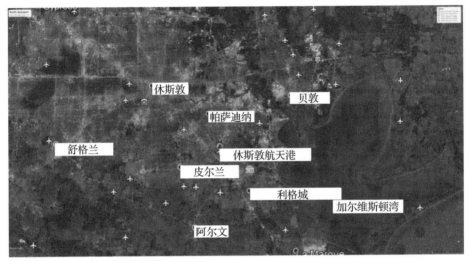

图 5.8　埃林顿航空港（休斯敦航天港）

资料来源：谷歌地图，2019

自 2011 年起，休斯敦航空港系统开始探索通过航空港开展商业太空活动的可行性。可行性研究于 2012 年完成。研究结果表明，如果要将埃林顿发展为航天港，能够支持可重复使用运载火箭携带微型卫星、实验设施、游客及宇航员进行水平发射，那么估计耗资将达 4 800 万～1.22 亿美元（Mulvaney，2014）。2013 年 7 月，休斯敦市议会批准了价值 71.89 万美元的咨询合同，以获得航天港许可证和开展环境评估（Ryan，2013）。2014 年，内华达山脉公司与休斯敦航空港系统公司签署协议书，探索如何才能使载人版"追梦者"号在埃林顿着陆（Mulvaney，2014）。2015 年，双方签署另一份协议书，将埃林顿用作不载人货运版"追梦者"号的潜在着陆点。

2015 年 7 月，埃林顿获得商业太空发射场运营商许可证，可开展水平发射和着陆，以支持从墨西哥湾进行的亚轨道发射。这一航天港通常被称为休斯敦航天港。

2017年8月，休斯敦航天港的开发正式启动，并实施招标。2018年10月，休斯敦市议会批准了1 880万美元的款项，用于在埃林顿航空港进行航天港I期开发，这笔资金包括美国商务部经济发展局100万美元的拨款。I期工程为航天港基础设施建设，包括道路、供水、污水排放、供电和通信设施建设，此外还要修建5.3万平方英尺的实验室和办公空间，占地154英亩。2019年6月28日，建设项目正式破土动工。圣哈辛托学院与休斯敦航空港系统、休斯敦市议会、联邦航空管理局和其他合作伙伴展开合作，将通过位于休斯敦航天港的圣哈辛托学院边缘中心（EDGE Center）开展航天人员培训计划。

直觉机器公司（Intuitive Machines）是休斯敦航天港的第一个正式太空承租商。该公司于2019年5月获得NASA 7 700万美元的合同，负责开发和发射搭载NASA有效载荷和私人实验设施的登月飞行器"新星"-C（Nova-C），并在2021年让其登陆月球表面。这项任务是NASA商业月球有效载荷服务（CLPS）计划下的第一项任务（Houston Airports，2019）。直觉机器公司已选定由太空探索技术公司通过"猎鹰"9号发射"新星"-C。

2019年10月，休斯敦航天港与纽约的飞安国际公司（FSI）签署为期30年的土地租赁协议，飞安国际公司成为该航天港的第三个承租商。飞安国际公司将建造9万平方英尺的厂房（Fox，2019）。截至2020年2月，据称该项目将于2020年春季动工，但未确定具体日期。

5.2.1.3　新建航天港

未由军事/国防基地或航空港转变而来的商业航天港，称为新建航天港。目前，美国有两座获得许可的商业航天港属于这一类别。

5.2.1.3.1　阿拉斯加太平洋航天港综合体

太平洋航天港综合体（图5.9）位于阿拉斯加的科迪亚克岛，在安克雷奇以西250英里处。该综合体是用于亚轨道和轨道运载火箭的商业和军事两用航天港。它由阿拉斯加州全资拥有的阿拉斯加航空航天公司（AAC）拥有和运营。

1991年，阿拉斯加航空航天发展公司（AADC）由阿拉斯加州立法机关组建，负责开发：①科迪亚克发射场（KLC）；②阿拉斯加的卫星地面站行业；③挑战者学习中心（Challenger Learning Center）（类似于加利福尼亚和佛罗里达航天港管理局开设的学习中心）（Raymond，1997）。

1994年，阿拉斯加航空航天发展公司获得185万美元的双重用途拨款，用于航天港所需的环境研究，1995年获得阿拉斯加州2 500万美元的拨款，1996年获得NASA 83万美元的拨款。阿拉斯加航空航天发展公司还获准可在必要时发行债券筹集资金（这种债券并不视为阿拉斯加州的债务），但至今尚

图 5.9　阿拉斯加太平洋航天港综合体

资料来源：谷歌地图，2019

未发行任何债券。2009 年 10 月 20 日，根据《阿拉斯加州参议院第 125 号法案》，阿拉斯加航空航天发展公司更名为阿拉斯加航空航天公司，以体现公司运营不断发展的性质。阿拉斯加航空航天公司由 11 名成员组成的理事会管理，采用企业基金的组织形式。截至 2018 年年底，阿拉斯加州已投资 2 400 万美元用于基础设施建设，3 730 万美元用于运营和存续。联邦政府已经投入 1.708 亿美元的资本金。

该航天港综合体占地 3 700 英亩，根据与美国自然资源部签订的土地使用协议，阿拉斯加州准予使用该地。该项目于 1998 年 1 月动工建设，同年，航天港获得联邦航空管理局授予的商业发射场运营商许可证。这是联邦航空管理局首次对不与联邦控制发射场同处一地的发射场授予许可。

2015 年 4 月 14 日，该航天港更名为太平洋航天港综合体，现有两座发射台，1 号发射台（LP-1）用于向近地轨道或极轨道发射中级有效载荷，2 号发射台（LP-2）为实施导弹试验的亚轨道发射台。第三个发射台仍在开发阶段，计划用于支持 24 小时以内的卫星发射。目前，这是美国唯一可以在避免飞越地面的情况下执行大倾角发射任务的设施。这座航天港综合体还设有发射操作控制中心,有18个客户控制台工位、有效载荷处理厂房、火箭发动机储存设施、维护和支持厂房、集成和处理厂房、航天器和组件转移设施以及发射场控制中心。

1998年11月5日,美国空军亚轨道火箭(AIT-1)从科迪亚克发射场发射升空,这是科迪亚克发射场执行的首次发射任务。太平洋航天港的首次商业亚轨道发射由阿斯特拉太空公司于2018年7月20日进行(Foust,2018b)。截至2018年年底,该航天港已经完成21次发射,其中只有2次是商业发射。2014年8月,美国陆军的一项任务在发射后几秒钟被终止,导致综合处理设施严重受损。这次损坏导致该发射场关闭两年,于2016年8月重新开放。阿拉斯加航空航天公司继续进行基础设施改善和厂房升级。在2018财年,该公司的项目包括发射操作中心视频显示器升级、运载火箭处理系统升级、指令破坏系统和遥测技术升级等。

5.2.1.3.2 美国航天港

美国航天港(www.spaceportamerica.com/)位于新墨西哥州乔纳达·德尔·莫艾托(Jornada del Muerto)沙漠盆地,在特鲁斯(Truth)—康西昆西斯(Consequences)东南约20英里处,拉斯克鲁塞斯(Las Cruces)以北约45英里处,号称"全球首个专门为商业太空活动设计和建造的商业航天港"。该航天港可以容纳垂直和水平运载火箭,占地1.8万英亩,毗邻美国陆军白沙导弹靶场,位于其正西方。美国航天港由新墨西哥州的州级机构新墨西哥州航天港管理局拥有和经营。图5.10为美国航天港鸟瞰图。

1990年,斯坦福大学的一名工程学讲师与新墨西哥州立大学的物理科学实验室合作,展开了为NASA建造不载人再入舱着陆点的相关讨论。1991年,他们获得140万美元的国会拨款,用于进行安全和环境研究以及可行性研究(Gomez等,2007)。1992年,西南地区航天港工作组成立。1994年,新墨西哥州成立太空商业化办公室,以推进新墨西哥州的商业航天业。2003年,X奖基金会决定将X奖的奖杯授予新墨西哥州,此时各项共同努力取得了成果。然后,在2005年12月14日,州长比尔·理查森(Bill Richardson)和理查森·布兰森(Richard Branson)爵士共同宣布,全球首家商业太空旅游公司——维珍银河公司(Virgin Galactic)将在新墨西哥州设立其全球总部和任务控制中心。

根据《新墨西哥航天港发展法案》(2005年),新墨西哥州成立了新墨西哥州航天港管理局(NMSA),以开发和运营美国航天港(2006年新墨西哥法规—第58-31-4节)。新墨西哥州航天港管理局理事会由七名有表决权的成

图 5.10　美国航天港

资料来源：谷歌地图，2019

员和两名无表决权的成员组成，其中六名经参议院同意后由州长任命，任命的成员中必须有一名谢拉县（Sierra）居民。第七名成员应为国家经济发展部部长或其指定人员。此外，该法案还规定，在任命的理事会成员中，同一政党的人员不得超过三人。

新墨西哥州财政部设立了航天港管理局基金（2006 年新墨西哥州法规—第 58-31-17 节）。管理局可代表本机构或区域航天港区发行收益债券，为航天港相关项目提供资金；州政府不对这些债券的收入征税。2006 年 2 月，州立法机关通过航天港筹资法案，授权新墨西哥州南部的城市和县在选民同意的情况下增税，以补充该州和联邦对航天港的资助（Webb，2006）。新墨西哥州设立美国航天港区域航天港区（以下简称"航天港区"），作为接收和分配市、县税收的实体。在 2007 年和 2008 年，唐娜安娜县（Dona Ana）和谢拉县[①]的选民分别投票，赞成将总销售收入税提高 0.25%，并将税款用于航天港基金。增税于 2009 年实施，航天港区承诺 75% 的税收收入将用于偿还航天港管理局发行的债券债务，25% 用于当地与航天港相关的教育。截至 2015 年 11 月，航天港管理局已收到 2.185 亿美元资本资金，其中，1.421 亿美元来自州普通基金/开采税资本资金，7 640 万美元来自唐娜安娜县和谢拉县⑫的总销售收入税资本资金（Anderson，2015）。州资金大部分来自石油天然气税。

2006 年 4 月，临时航天港设施开建。同年，UP 航空航天成为美国航天港的第一个承租商。2006 年 9 月 25 日，UP 宇航公司的 SpaceLoft XL 型运载火箭首次从美国航天港发射，但这次发射以失败告终。2007 年 4 月 28 日，UP 宇航公司进行了 SpaceLoft XL 型运载火箭的第二次发射。这次发射取得了成功。截至 2018 年 9 月，UP 宇航公司已在美国航天港成功进行了 15 次亚轨道发射。

2008 年 12 月，美国航天港获得了垂直和水平太空发射的商业发射场运营商许可证。数日后，维珍银河公司与美国航天港签署了一份 20 年的租赁协议，前 5 年的年租金为 100 万美元，后 15 年的年租金为 300 万美元。2009 年 6 月 19 日，航天港正式开建。2010 年 10 月 23 日，1.2 万英尺的跑道正式启用，维珍银河公司的"白骑士"2 号太空船从这里起飞和着陆，颇具象征意义。2019 年 5 月 10 日，维珍银河公司在推特上宣布，他们的太空船和运营团队将搬迁到美国航天港。2019 年 8 月 15 日，维珍银河公司位于美国航天港的新总部和客户中心正式开放，但目前尚未确定首次飞行的具体日期（Bachman，2019）。

美国航天港的 LEED 金牌认证厂房共占地约 67 万平方英尺，设有一对 4.7 万平方英尺的双层机库以及一座现场任务控制中心。其航天客户包括 ABL 空间系统公司、维珍银河公司、UP 宇航公司、艾克奥斯宇航公司和自旋发射公司等。

2018 年 3 月，新墨西哥州立法机关通过法案，规定进驻美国航天港的航空航天公司可被豁免公开披露以下信息：公司商业秘密，专有技术或商业信息，涉及任何搬迁、扩建或运营的信息，以及可能有损安全（包括网络安全）的信息。

5.2.2　商业航天港的运营

在上一节，我们研究了建立航天港的三种途径：利用国家航天中心和军事基地；使用现有的航空港基础设施；从零开始建造航天港。每种途径都存在不同程度的风险，包括经济、政治、商业和人身风险等。开发航天港、获得许可证和吸引承租商等活动是航天港成功的基础，需要大量的财政投资。此外，运营一座航天港，也需要掌握各种筹资渠道，至少在最初的几年会是如此，这是因为商业航天港产业仍处于起步阶段，航天港需要一定时间才能在财务方面实现自给自足。现在,美国的商业航天港仍然依靠各种补助和税收来支付部分营业开支,只是依赖程度有所不同。本节将研究五座航天港的运行现状。

5.2.2.1 卡纳维拉尔角航天港

目前,从商业发射活动次数来看,人们普遍认为卡纳维拉尔角航天港是最成功的商业航天港。如上一节所述,佛罗里达州太空局是卡纳维拉尔角航天港的商业运营商。佛罗里达州太空局的财年(截至2017年9月30日)财务报表显示(Space Florida,2018),该局产生的"服务费用和收费"为544.518 4万美元,获得的"州拨款"为2 120.974万美元,同时"运营补助金收入"为2 501.990 3万美元。这就意味着在2017财年,在其5 167.482 7万美元的总营收中,只有10%真正来自"商业活动"。财务报表解释称,"费用和收费"来自租金和管理费。报表还特别指出,2017财年,佛罗里达州太空局出租(商业乘员和货物处理设施)和处理控制中心的租金收入为58.002 2万美元[13],出租太空生命科学实验室的租金收入为74.757万美元。尽管州政府提供了运营资金,但佛罗里达州太空局仍报告了营业亏损。除了运营补助金外,佛罗里达州太空局还收到891.220 4万美元的"资本补助金收入"。

根据佛罗里达州太空局与NASA就发射和着陆设施签订的30年资产协议,佛罗里达州太空局获准将发射和着陆设施用于:①商业太空活动,包括发射和回收、处理、制造/装配以及任务支持;②航空,包括飞行试验、制造/装配和无人驾驶系统;③其他活动,如物流/联运服务和飞行器空气动力学试验等。佛罗里达州太空局预计,不久之后,发射和着陆设施将成为其重要的收入来源。

5.2.2.2 中大西洋区航天港

在2018财年,中大西洋区航天港为"安塔瑞斯230"(Antares 230)的两次发射提供了服务,分别是在2017年11月12日和2018年5月21日。在2018财年的财务报表中,中大西洋区航天港报告的商业发射费用为300万美元,发射支持收入(私营)为684.322万美元(Space Virginia,2018),这表明其单次发射收费为150万美元。上一年,即2017财年,中大西洋区航天港提供了一次发射服务,即在2016年10月17日发射"安塔瑞斯230",其2017财年报表显示商业发射费用为90万美元,发射支持收入(私营)为721.608 5万美元。商业发射费是如何确定的,目前尚不清楚。

2019财年,中大西洋区航天港于2018年11月17日和2019年4月17日分别发射了"安塔瑞斯 NG - 10"和"安塔瑞斯 NG - 11"[14],均从发射台 0A 发射。弗吉尼亚州太空局报告的发射支持收入为 858.512 4 万美元,商业发射费为 366 万美元。除了与发射相关的收入外,弗吉尼亚州太空局还有 2.205 万美元的收入来自无人机系统航空港。美国海军在无人机系统航空港进行 MQ - 8B "火力侦察兵"无人机项目的试验和训练,NASA 在该航空港进行兰利研究中心 (LaRC) 试验和其他试验项目。总体而言,弗吉尼亚州太空局的总营收为 1 229.147 8 万美元,营业开支为 2 821.434 6 万美元,以致营业亏损达 1 590 万美元。弗吉尼亚州向弗吉尼亚州太空局提供了 1 580 万美元的州拨款,用于支付营业开支。此外,在 2019 财年,弗吉尼亚州太空局收到 333.333 3 万美元的州补助金,用于继续发展中大西洋区航天港的太空发射和无人机系统能力,同时还签署了联邦合同和私人协议,分别获得 586.663 8 万美元和 5 万美元的资金,用于航天港设施改造和能力提升。

5.2.2.3 阿拉斯加太平洋航天港综合体

2014 年年底,阿拉斯加州终止向阿拉斯加航空航天公司提供所有的州运营资金。2018 年,为了降低成本,阿拉斯加航空航天公司成立全资子公司奥罗拉发射服务公司 (Aurora Launch Services)。奥罗拉发射服务公司雇用了大量兼职员工和一支全职小型非政府管理团队,这有助于降低人力相关成本。奥罗拉的总部位于安克雷奇 (阿拉斯加州),它是太平洋航天港综合体的独家发射服务提供商,也为全球小型运载火箭市场提供发射服务。

2018 财年 (截至 2018 年 6 月 30 日),阿拉斯加航空航天公司报告的营业收入为 2 314.755 2 万美元,主要来自与美国导弹防御局签订的不定交付时间/不定交付数量合同和一些商业发射支持合同。报告的总营业开支为 2 494.077 9 万美元,包括人员服务费 136.767 万美元、合同服务费 1 691.059 万美元和折旧费 449.433 4 万美元。

5.2.2.4 莫哈韦航空航天港

2018 财年 (截至 2018 年 6 月 30 日),莫哈韦航空航天港的总营业收入为 837.761 2 万美元,包括长短期租金 522.520 3 万美元、着陆区收入 2 825.976 3 万美元、非飞行活动收入 28.346 1 万美元以及其他建筑和区域收入 9 185 美元,这些收入覆盖了其 1 611.87 万美元营业开支的 50% 以上。土地、建筑物和机库可以按月租赁,也可以按 1~40 年的固定期限租赁。着陆区收入主要为燃料销售和服务收入。营业开支中燃料和润滑油费用的比例最高,其次是工资和福利开支。2018 财年似乎有些反常,营业收入仅够支付营业开支的 51% 多一点;在前几年,营业收入一般都能覆盖营业开支的 80% 以上。2018

财年，莫哈韦航空航天港还报告了60.6871万美元的税收收入和2.117万美元的补助金收入。

5.2.2.5 美国航天港

截至2018财年年底，美国航天港进行了215场太空活动，包括垂直发射、水平发射、气球发射、火箭发动机试验和"美国航天港杯"。这些活动大多是在2017财年和2018财年开展的。"美国航天港杯"是一年一度的大学校际火箭比赛，于2017财年首次举办，2017—2018财年，共进行了95次垂直火箭发射。

新墨西哥州航天港管理局2018财年的财务报表显示，截至2018年6月30日，美国航天港的旅游和发射收入为90.6484万美元，租金收入为234.826万美元，利息收益为12.5041万美元，支出为2064.5112万美元。除了营业收入外，美国航天港还获得了705.3257万美元的总收入税、68.89万美元的州普通基金拨款和990.6078万美元的开采税债券拨款。换言之，在2018财年，美国航天港的自创收入仅覆盖其支出的17%以下。

美国航天港和莫哈韦航空航天港是两种不同商业模式的代表。美国航天港是根据承租商的要求开发特定承租商所需的设施，再将这些设施出租；而莫哈韦航空航天港则短期和/或长期出租土地，由承租商投资和开发自己的设施。这些做法与航空港类似，有些航空港开发设施后，航空公司和其他使用方付费使用这些设施，而还有一些航空港则向航空公司出租土地，供其修建航站楼（如纽约肯尼迪航空港）。

根据上述讨论，我们可以推测，商业航天港并没有真正被视为企业实体。它们大多是政府实体[15]，旨在对地方、地区和国家经济产生影响。因此，界定商业航天港的"商业模式"并非易事。

5.2.3 航空港的经验教训

运营一座商业航天港和运营一座航空港具有许多共性，因此航空港在运营和管理方面的经验教训可能会对处于"初期"阶段的商业航天港带来一些帮助。目前，几乎所有的商业航天港都集中在美国，因此我们主要围绕美国的航空港展开讨论。

美国的航空港通常分为两大类：商业服务航空港和通用航空航空港。商业服务航空港的核心业务是为航空公司提供服务，因此它们过去被认为是航空公司的基础设施和设施提供商，其大部分收入均来自航空公司。然而，在过去30年里，航空港已经演变为复杂的企业实体，其收入来源已呈多样化。

除了来自航空公司的收入外，向酒店、餐饮店、零售商店、商业园和停车场等在航空港土地上运营的非航空企业出租土地和设施也是航空港的一大收入来源。来自航空公司和其他航空用户的收入称为航空收入，而来自非航空业务的收入则称为非航空收入或商业收入。现在，航空港并不完全依靠核心业务来创收，而是越来越多地从非航空来源获得更多收入。根据国际航空港协会发布的数据（ACI，2019），在2017年，非航空收入占全球商业服务航空港营业收入的42%，平均每位航空港旅客7.75美元。2018年，对于航空客流量排名前30的美国航空港，非航空收入平均占其营业收入的42.7%。在美国的247座非枢纽航空港[16]中，平均45.6%的营业收入来自非航空活动。

通用航空航空港不设定期航班[17]，通常为私人飞机或公务机以及小型包机服务。此外，通用航空航空港为医疗急救飞行、空中消防飞行、执法飞行、飞行训练和农业功能飞行提供服务。通用航空航空港在实际规模和飞机运营数量方面差异巨大。例如，洛杉矶郊区的凡尼斯航空港（Van Nuys Airport）有两条跑道，675架驻场飞机，2018年的飞行活动达262 903架次。派克县航空港（EOP）[18]有一条4 900英尺长的跑道和9架驻场飞机，截至2017年6月9日的12个月内，飞行活动约2 000架次。一些通用航空航空港的资金充足，但许多航空港都是通过各种政府项目来获取部分资金的。

虽然大多数商业服务航空港的航空收入来自着陆费、航站楼收费或与旅客有关的费用，但在通用航空航空港，航空收入主要来自燃料销售或流动费[19]。下面是通用航空航空港收入来源的两个例子。

那不勒斯航空港位于佛罗里达州的墨西哥湾海岸，由那不勒斯航空港管理局拥有和运营。该航空港有两条铺面跑道，287架驻场飞机。那不勒斯航空港为飞行学校、飞机租售、救护飞机、企业航空和民航巡逻提供服务，同时也为医疗飞行公司（MedFlight）和蚊虫控制公司（Mosquito Control）等县级公共事业公司提供服务。2018年，该航空港的飞行活动达112 262架次。那不勒斯航空港的净燃油销售收入为1 020.2万美元（63%），机库租金收入为259.7万美元（16%），楼宇和土地租金收入为138.5万美元（8%）。该航空港在财政上实现自给自足，在营业开支方面未接受任何地方税款[20]。

康涅狄格州航空港管理局运营5座国有通用航空航空港以及布拉德利国际航空港，分为通用航空航空港企业基金和布拉德利国际航空港基金。航空公司着陆费、航空公司航站楼租金和停车场收费是布拉德利最大的收入来源，而通用航空航空港最大的收入来源则是土地租金（49.1%）和固定基地运营商（35.9%）。2018 财年，通用航空航空港企业的营业亏损在折旧前为 299.1 万美元，折旧后为 642.8 万美元。为弥补营业亏损，康涅狄格州将航空燃油税收入中的 713.5 万美元注入其中。

在航空港业，流传着这样一句话："当你看到一座航空港时，你所看到的只是一座而已"，也就是说，世界上没有两座航空港是相同的。以上讨论表明，航空港遵循不同的商业模式，通过各种商业活动创收，其资金自足水平也各不相同。尽管如此，航空港确实遵循着某些既定的惯例。例如，着陆费通常按飞机重量收取（并且按飞机噪声等级和排放水平收取的倾向日益明显），而旅客费用或航站楼费用则通常按每位旅客或每个座位收取。许多航空港的费用和收费信息都是对外公开的。而航天港作为新兴行业，在需求和竞争均有限的情况下，关于航天港价格和收费的信息事实上无法在公共领域获知。尽管业内有些关于商业发射费用的传闻，但至于发射运营商究竟会向航天港支付多少费用，我们几乎或根本不得而知。例如，据说太空探索技术公司"猎鹰"9 号的单次发射费用为 6 200 万美元，"猎鹰"重型运载火箭的单次发射费用为 9 000 万美元（Tuttle，2018）。然而，太空探索技术公司使用肯尼迪航天中心、卡纳维拉尔角空军基地和范登堡空军基地的发射台和其他设施需要支付多少费用，目前尚不清楚。

随着该行业不断发展壮大，有必要对商业航天港的运营制定国家政策和法规，以及国际"标准和推荐做法"[21]。在《2018 年佛罗里达州航天港系统计划》中，佛罗里达州探索了这样一种可能性，即根据获准在特定位置运行的空间飞行器升力等级和空间目的地，对航天港进行分类。这类似于《美国联邦法规》对航空港的分类（《美国联邦法规》第 14 编第 139 部分），按照这部分的规定，要为航空公司 30 座以上定期和不定期飞机航班提供服务，以及为航空公司 9 座以上、31 座以下定期运营活动提供服务，航空港就必须获得联邦航空管理局颁发的运营证书。根据航空港为不同类型飞机提供服务的能力，联邦航空管理局颁发四个等级的运营证书（一级、二级、三级和四级）。

国际民航组织和联邦航空管理局还制定了各自的航空港参考代码（又称联邦航空管理局航空港参考代码），以表示航空港能力的设计标准，这些标准也可以合并到商业航天港的标准和推荐做法中。此外，随着商业航天港真正实现商业化，航天港运营在商业方面的透明度需提高，例如航天港向其客户收取的费用。

5.3 资金和财务激励

本书反复指出，商业航天业发展迅速，一直备受各类投资者关注。自2000年以来，航天初创企业获取的投资超过184亿美元（Bryce，2019）。Bryce（2019）将投资者分为六类：

- 天使投资者：对处于初期阶段的风险项目进行投资以寻求潜在高回报的富裕个人或家族。
- 风险投资公司：投资增长潜力巨大的初创公司和增长型公司的投资者群体。
- 私人股本公司：代表有限合伙人投资者管理投资基金。
- 公司：可为太空相关项目或内部研发活动提供资金，或者成为其战略合作伙伴。
- 银行：通常为老牌公司的太空相关项目提供债务融资。
- 公开市场：可通过公开出售公司股权或首次公开募股（IPO）为融资需求的后期阶段提供额外资本。

然而，对商业航天港的投资主要来自政府渠道。如前一节所述，无论是资本投资还是营业开支，都由各政府机构补贴。航天港所带来的经济影响会超出其自身范围，而且预计最终会产生财务收益，因此这类补贴都是正当合理的。于是，部分国家设立了机构或制定了方案，直接向航天港或间接向潜在航天港承租商/客户提供监管和资金援助。例如，英国政府在2017年制订了5 000万英镑的航天计划，帮助开发英国航天港的卫星发射新服务和低重力航天飞行项目。该计划最近向高地群岛企业[22]（HIE）提供了250万英镑的补助，用于开发萨瑟兰航天中心。高地群岛企业将对该项目出资980万英镑。此外，奥尔贝克斯公司（Orbex）获得了550万英镑的补助金，为该发射场开发新的火箭，洛克希德·马丁公司还获得了两笔补助金，共计2 350万英镑，用于开发萨瑟兰的发射业务，以及新型卫星部署系统（Hutton，2019）。

在美国，许多航空港建设和安全项目的部分资金均来自联邦政府的航空港改进计划（AIP）补助[23]。列入国家综合航空港系统计划（NPIAS）的公用航空港可以申请航空港改进计划补助。当前的国家综合航空港系统涵盖了3 328座航空港，包括现有航空港3 321座，拟建航空港7座。航空港改进计划由航空港与航路信托基金（AATF）资助，资金来自国家空域系统用户缴纳的各种特许权税。要获得航空港改进计划的补助金，航空港必须满足重重条件。航空港和航天港同处一地时，空间相关基础设施和其他设施没有资格申请航空港改进计划补助金。

目前，政府对商业航天港的资助多少有些专项性质。鉴于商业航天港对基础设施资金的持续需求，或许是时候该研究研究，我们是否可能设立专项资金，用于商业航天港的规划和开发，而这些资金不由一般纳税人来缴纳。

在美国，许多州均出台了各种监管和财政激励措施，以吸引商业航天企业落户。各州最常见的财政激励措施是退税或免税。弗吉尼亚州和佛罗里达州是美国对商业航天业最"友好"的两个州，这一点并不奇怪。本节将重点讨论这两个州。有关其他各州的激励计划，读者可参考联邦航空管理局（2009）的资料。

能够吸引轨道科学公司将其发射业务设在大西洋区航天港，2007年颁布的《弗吉尼亚州太空飞行责任和豁免法案》和2008年颁布的《零重力零税收法案》功不可没。根据《零重力零税收法案》，企业为国际空间站提供发射服务或再补给服务时可免缴（弗吉尼亚）州所得税。

佛罗里达州2008年《航天承包商退税法案》规定，可根据员工数量和支出金额向航天企业提供退税。佛罗里达州还对航天企业的房屋租金免征销售税。佛罗里达州立法机关向佛罗里达州太空局拨款1450万美元，用于发射基础设施建设。

佛罗里达州将"太空"定为正式的运输方式，将"航天港"定为佛罗里达州运输部"太空"运输的相关基础设施（2018）。佛罗里达州运输部制订了航天港补助计划，通过航天港年度拨款和战略多式联运系统筹资。航天港年度拨款由州运输信托基金提供。航天港规划项目、征地项目和资本改良项目可能有资格获得航天港补助金。航天港拨款可支付最高100%的航天港规划成本，以及最高50%的合格航天港资本项目（FDOT，2014）。按照《佛罗里达州法规》的规定，航天港补助计划仅适用于位于所谓航天港区域的航天港（FDOT，2014）。

战略多式联运系统资金也来自州运输信托基金。尽管自2005年以来，航天港已能够纳入佛罗里达州的战略多式联运系统，但卡纳维拉尔角航天港才是战略多式联运系统上唯一正式指定的航天港，因此可以申请战略多式联运系统资金。只有直接对州发射能力有利的项目，或者将航天港与其他战略多式联运系统设施联系在一起的项目，才有资格获得战略多式联运系统资金。战略多式联运系统资金可支付合格项目最高50%的费用。

除了联邦和州激励资助计划，一些地方政府也为航天港提供直接或间接的财政支持。例如，在2005年，（佛罗里达州）布里瓦德县（Brevard）向洛克希德·马丁公司提供了财产税减免，为期10年，每年39.7043万美元，以对拥有300名员工的工厂进行扩建。

5.4 公私合作和公公合作

商业航天业的规模仍然相对较小，由个人、企业和机构组成。他们对自己的工作充满热情，愿意建立合作伙伴关系，共同努力推动行业发展。显然，无论发射和返回活动是为了公共部门还是私营部门的太空利益，都需要价格实惠的航天港基础设施来提供支持。太空基础设施扩建成本可能高得惊人，而且潜在的投资回报率本身就充满风险。时间也很关键，因为航天港的建设充满着许多变数，可能会对航天港的开发和审批造成影响。此外，此类基础设施的需求时间和需求程度也极难预测。基础设施要求本身仍在不断变化，覆盖内容也很广泛。如前几章所述，航天港可以支持小型与大型发射活动，也可支持垂直发射和/或水平发射，所有这些活动可能都需要不同的推进剂、处理设施、集成和装载区域等。此外，新的商业模式也在不断演进。由于这些考虑因素，开发航天港基础设施存在着风险，但如果关键实体之间能够审慎地建立起伙伴关系并妥善管理，那么开展私营和公共发射和返回活动所需的时间和金钱都会有大幅降低。

虽然公私合作（PPP）有许多定义，但就航天港基础设施而言，我们借用Tinoco（2018，第3页）的说法，将公私合作定义为"公共机构和私营部门实体之间达成的长期契约性合作协议，政府和私营方就其共同关注的义务、风险和回报（通常为共享）达成一致意见"。公共机构之间的公公合作（PuP）具有类似的定义。尽管如此，公私合作的定义和安排因国家而异，伙伴关系对其目的和主要利益相关者而言都是独一无二的。

公私合作和公公合作都已存在了数十年之久。尤其是公私合作，其数量和比率都在增加，在航天领域尤为如此。虽然同运输领域的其他公私合作形式之间存在着许多共同点，但航天港的公私合作还是具有某些独特之处。首先，太空本身就归全球所共有。发射和返回活动要跨越地方、州、国家和国际管辖范围内的陆地、空域、水域和空间。然而，没有任何航天国家对外层空间拥有主权（United Nations，1967）。其次，这些活动充满风险且成本高昂，非其他任何行业可及。因此，正是太空和太空运输的性质，才让伙伴关系的建立和协议细节如此复杂。

图 5.11 高度概括了在建立航天港合作模式（无论是公私合作还是公公合作）时需要考虑的关键可变因素。每个方面都相互交织，正是它们的复杂性、强度和相互依赖性推动了建立这些伙伴关系所需的独特环境的形成。它们对制定和管理的协议的类型和内容都会产生影响。无论伙伴关系协议的具体细节如何，这种伙伴关系的主要优势在于协同作用，即在分担风险和责任的同时为各方创造更大价值（Tinoco，2018）。

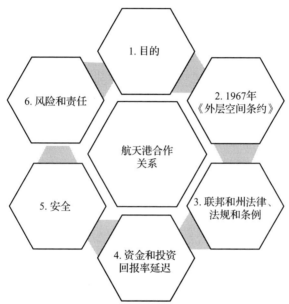

图 5.11　影响航天港伙伴关系的关键可变因素

资料来源：Tinoco，2018

下文概述了图 5.11 中所示的各项可变因素，从目的开始，以顺时针方向移动（Tinoco，2018）。

（1）目的：显然，航天港是太空探索和发现、军事发展、国家安全、运输和商业发展的起点。所有这些方面都适合建立伙伴关系，这是因为政府关注每项动机。航天港历来由政府的太空机构和军事机构设计、建造、拥有、运营和管理。建立伙伴关系的目的是帮助政府和私营实体对发射台和返回台、跑道和处理设施等进行建设、扩建、现代化改造和运营。伙伴关系是产生商业太空活动和发展新市场、普遍增加公众利益和经济效益以及改变太空探索性质的手段（NASA，2011）。

（2）1967 年《外层空间条约》：由于民族国家的太空活动均受该条约的制约，因此条约中包含了最终直接或间接影响航天港和伙伴关系的可变因素。

（3）联邦和州法律、法规和条例：在该条约的影响下，国家政策首先流向其他联邦和州法律、法规和条例，再流向地方市政当局。

（4）资金和投资回报率延迟：与所有伙伴关系一样，资金来源、成本和投资回报率是人们最关注、最感兴趣的问题。然而，在太空领域，资金和成本均比其他行业高出几个数量级。在我们当前的经济环境下，随着政府预算减少，私人资金和其他公共资金来源对于支持航天港基础设施以及发射和返回活动至关重要。然而，投资回报率本身充满风险。在美国，按照 Gulliver 和 Finger（2010）的估计，2010 年在已建成的传统航空港开发新发射综合体的费用在 1 亿~5 亿美元，不含维护和升级费用。按 2019 年的美元计算，这些数字分别为 1.166 亿美元和 5.829 亿美元。对于新投资业务，美国航天港的资金来自公民税款，当时的成本约为 2.19 亿美元（Boyle，2015；New Mexico Spaceport Authority，2012）。由于主要承租商维珍银河公司未能如期达到商业太空运输能力，保养、运营和维护费用一直居高不下。如本章前文所述，在 2018 财年，美国航天港的自创收入只能涵盖不到 17% 的支出。

（5）安全：安全处于首要地位，对航天港、周边社区和环境都会产生深远的影响。由于飞行器、发射设施和推进剂的不同，太空旅行和运输比其他运输形式的风险更大。所需的垂直和水平基础设施、空域边界和控制、有毒材料和气体等可变因素均须纳入考虑范围。

（6）风险和责任：人员、财产、环境和用户安全的相关风险和责任会影响各级利益相关者的责任。随着行业逐渐成熟，市场需求和航天港要求将随之变化，金融风险也很高。但是，对于私人投资者，以及航天港运营商、发射服务提供商、联邦机构和其他利益相关者，还存在经营风险和个人风险。

涉及联邦所有资产和/或运营资产的伙伴关系有一套围绕国家安全和国家利益的独特条款。私营部门和联邦机构（如 NASA）之间达成的租赁或使用协议规定，政府可以在需要相应资产时终止租赁，无须承担任何费用。即使没有取消协议，一旦租约到期，承租商也必须将资产恢复到原始形态（Ketcham 和 Ball，2014）。

鉴于其多式联运的性质，航天港可能会有许多不同类型的伙伴关系安排，每种都是为其目的而做出的独有安排。在运输行业，设计—建设—运营—维护（DBOM）、建设—拥有—经营—转让（BOOT）和剥离通常是最为普遍的公私合作模式（Deloitte，2006）。然而，对于航空港而言，建设—经营—转让（BOT）和特许权则更常见，而水域港口一般采用地主港（管理）模式；公路采用特许权、建设—经营—转让和设计—建设—运营（DBO）模式；铁路采用特许权和建设—经营—转让模式；城市交通采用特许权和特许经销权模式（The World Bank，2017）。

美国的大多数航天港要么是新建航天港，要么是由现有设施改造而成，例如通用航空航空港、非主要商业航空港或联邦航天港所在地上的闲置和/或未尽其用的跑道。大多数适用的公私合作模式都涉及私营合作伙伴租赁或租赁/建造，以支持航天港活动，例如分别在加利福尼亚州莫哈韦航空航天港或弗吉尼亚州中大西洋区航天港展开的活动。这一点很重要，请回顾一下本书对伙伴关系的定义。美国政府与商业航天领域开展业务的方式正在发生转变，即从基于交易的方式转变为真正的协作或合作方式。有人注意到，在美国政府与私营公司签订的一些合同中，根据协议内容使用了"合作伙伴"一词，而不是"承租商"或"租户"（Tinoco，2018）。之所以做出如此明显的区分，是因为相较于纯粹的、建立在交易之上的那种关系而言，协议中利益相关者显然寻求的是更具协作性的关系。

《美国太空法协议》为这种伙伴关系的诞生开辟了道路。目前，NASA 的伙伴关系（2019）具有四类协议：

> 可偿还协议——NASA 因活动而产生的费用由协议合作伙伴（全部或部分）偿付。当 NASA 所具有的独特物品、服务和设施目前尚未充分用于完成任务需求时，NASA 会签订可偿付协议。在不会造成干扰并符合 NASA 的任务和政策的前提下，可将它们提供给他人使用。
>
> 不可偿付协议——在推进 NASA 任务的互利活动中，涉及 NASA 和一个或多个协议伙伴的协议。该协议与可偿付协议不同，每个合作伙伴各自承担其参与的费用，各方之间不存在资金交换。
>
> 资助协议——将拨款转移给国内协议伙伴，以完成 NASA 任务的协议。只有在 NASA 目标无法通过采购合同、补助或合作协议实现时，才能使用资助协议。
>
> 国际协议——协议合作伙伴为外国实体的可偿付或不可偿付协议。外国合作伙伴可以是未根据美国州法律或联邦法律成立的法律实体，可包括商业或非商业实体，或者外国主权的个人或政府实体。

（Harbaugh，2015）

（注：请读者参阅 NASA 的合作伙伴关系页面（www.nasa.gov/partnerships/about.html），以获得目前 NASA 列明了国内外实体的各协议类型的最新信息，以及现有协议一览表。）

这些协议是美国航天飞机项目结束后，相关实体获得肯尼迪航天中心和

NASA 其他设施租用许可证的基石。目前，在肯尼迪航天中心和卡纳维拉尔角空军基地，对利用现有太空相关基础设施（如发射台和辅助设施）的私营伙伴采取使用许可（联邦）和许可证（军队）相结合的方式。使用协议和许可协议都允许签订子协议，如图5.12（肯尼迪航天中心）和图5.13（卡纳维拉尔角空军基地）所示。

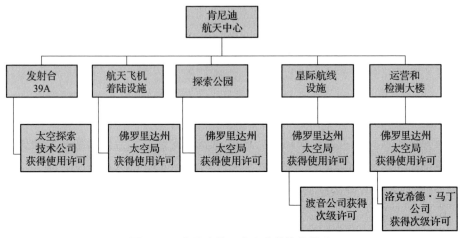

图5.12　肯尼迪航天中心合伙协议样本

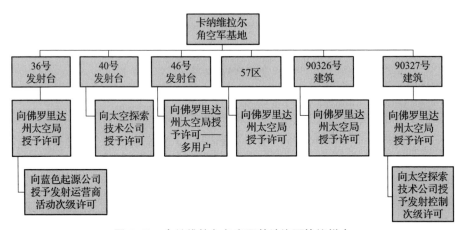

图5.13　卡纳维拉尔角空军基地许可协议样本

佛罗里达州太空局帮助协调行业实体、肯尼迪航天中心和卡纳维拉尔角空军基地之间的伙伴关系，并为签订这些协议提供渠道，同时也起到了合作伙伴的作用。最近，萤火虫航空航天公司宣布将其发射业务迁至卡纳维拉尔角空军基地，其制造业务迁至肯尼迪航天中心门外的探索公园。佛罗里达州太空局协助从佛罗里达州运输部航天港改进计划获得了1 890万美元，与萤火虫公司在该地区的基础设施投资资金对等（Shell，2019）。除了上述例子之外，表5.2还提供了其他伙伴关系类型和航天港的示例。

表 5.2 其他选定的航天港和伙伴关系

航天港/发射综合体	伙伴关系
英国格拉斯哥普雷斯特威克航天港	正与普雷斯特威克的航空航天工业和国际行业参与者合作，如内华达山脉公司（Glasgon Prestwick Spaceport, 2018）
瑞典航天港	已与美国航天港（新墨西哥州航天港管理局）和维珍银河公司合作，建设用于商业太空旅游的二级未来发射场（瑞典航天港，2012）。公私合作中的联合行为，特别是基律纳航空港、Progressum公司、瑞典太空公司（SSC）和冰雪酒店（Icehotel）
美国莫哈韦航空航天港	租赁或建造公私合作是最突出的合作模式。作为租赁合作伙伴的私营部门合伙人包括BAE系统公司、轨道间系统公司、平流层发射系统公司和太空船公司
美国俄克拉荷马航空航天港	俄克拉荷马航天工业发展局（OSIDA）与火箭飞机公司的公私合作。基础设施由纳税人出资，但航天港在现有航空港基础上建设。最初的关键承租商流失。火箭飞机公司破产，并引发了随后的运营问题。目前提供租赁/建设模式
美国航天港	新墨西哥州航天港管理局和维珍银河公司就水平发射达成公私合作；新墨西哥州航天港管理局和太空探索技术公司就垂直发射达成公私合作；设施租赁和地面租赁费形式的公私合作
美国中大西洋区航天港	弗吉尼亚州商业太空飞行管理局、弗吉尼亚州和轨道科学公司（现诺斯罗普·格鲁曼公司）。改进发射设施和支持发射的责任和各方的结合。弗吉尼亚州商业太空飞行管理局将拥有和运营非"安塔瑞斯"任务专用资产
NASA米丘德装配厂（MAF）	除了保留或增加装配厂的熟练劳动力之外，还寻求通过建立伙伴关系来保持或提高装配厂的能力（米丘德装配厂，未注明日期）。部分公公合作包括从基本办公空间租赁到联合研究项目
Tinoco，2018，引文略有调整	

对于在政府土地上建设的美国航天港基础设施，如果国家有正当需求，则原则上政府可以随时取消协议，租赁/使用协议不能包括独家使用。对于新投资业务和改换用途的民用设施，航天港面临这样一个重大危险，即承租商公司破产或这类公司因战略选择而将其业务转移到其他航天港，导致关键承租商流失。

图5.14说明了多式联运的常见伙伴关系模式。随着要求、技术、风险、需求、竞争、立法、国家政策和安全，以及国际问题、协议和条约的改变，伙伴关系模式可能也会发生变化。迄今为止，无论伙伴关系是涉及改换用途的设施还是新投资业务，还是联邦与非联邦财产，航天港的伙伴关系模式最有可能采取租赁、使用许可、许可证［军用和设计—建设（DB）］以及各种基于设施类型、行业要求和公共部门需求的投资、拥有或运营及维护（F、O和M）相结合的模式（Tinoco，2018）。

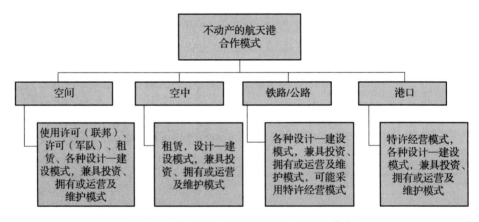

图5.14　多式联运航天港综合伙伴关系模式

资料来源：Tinoco，2018

基本伙伴关系模式不太可能像协议细节那样更改，这就强化了这一观念：每种伙伴关系都是独一无二的。这些细节必须列明风险缓解条款，以说明该行业的独特性，特别是与航天企业相关的许多风险类型和风险强度。此外，尽管伙伴关系无疑能够惠及各方，但任何协作或合作式的组织间关系和国际关系都会存在一定挑战，例如：

- 组织和民族文化冲突。
- 涉及条约的国际壁垒。（在国际层面，航天国家在商业参与方面意见不一。）
- 法律、法规和条例落后或不完整，且目标和目的相反。（公共合作伙伴担心自身有议程的私营公司无法满足他们的日程安排和需求。私营企业因在其租赁的政府设施上实施的运营活动受限而对相关法规和条例感到气馁。）
- 对伙伴关系和/或航天港的影响。
- 使长期伙伴关系复杂化的法规和条例不断变化，在最初达成协议时采取风险缓解措施的情况除外。
- 公共合作伙伴，尤其是公私合作下的公共一方的控制权和影响力正在降低或被认为发生了降低（Tinoco，2018）。

无论哪种伙伴关系还是处于哪一地理区域，成功的伙伴关系既会带来丰厚的回报，同时也面临重重风险。然而，伙伴关系产生的协同作用，总比单枪匹马所取得的成就要高。挑战在于，在与其他实体之间建立合作关系时，如何就航天港的具体需求、需求时间以及产生需求的原因确定出最佳战略方案。

注释

①Orbital ATK was formed from the merger of Orbital Sciences Corp, and the Aerospace and Defense units of Alliant Techsystems Inc. (ATK). Subsequently, Northrop Grumman purchased Orbital ATK.

②California Spaceport is no longer an FAA-licensed space launch site. As Harris Corporation operated the spaceport, they are no longer involved in spaceport operation and management activities at the Vandenberg with respect to this expired spaceport license. It is anticipated that the U.S. Air Force (USAF) at Vandenberg will manage commercial launch activities henceforth.

③Ellington Airport became Houston Spaceport.

④ITT Industries, Inc. changed its name to ITT Corporation in 2006. ITT spun off its defense businesses, of which SSI is part, into a company named Excelis in 2011. Excelis, Inc. was acquired by the Harris Corporation in 2015.

⑤1 英亩 = 4 046.86 平方米。（编者注）

⑥Terminology on launch areas varies between Kennedy Space Center and Cape Canaveral Air Force Station (CCAFS). LC is used when discussing launch complexes at NASA KSC; SLC is used when discussing launch complexes at CCAFS.

⑦Scales Composites was acquired by Northrop Grumman in 2007.

⑧FAA Form 5010 is the Airport Master Record.

⑨Four board members are appointed by Florida's governor and three by the mayor of the City of Jacksonville.

⑩ Jacksonville Port Authority was restructured into two entities, the Jacksonville Aviation Authority (JAA) and Jacksonville Seaport Authority, in 2001.

⑪Voters in Otero County rejected the spaceport tax in the November 2008 general election.

⑫Approximately 94% from Dona Ana County and 6% from Sierra County (Anderson 2015).

⑬Under an agreement signed on April 1, 2015, $580,022 is the minimum annual administrative fee until June 30, 2021.

⑭NG – 11 mission marked the end of Northrop Grumman's (formerly Orbital ATK's) Commercial Resupply Services – 1 (CRS – 1) contract with NASA. NG – 12 mission, the first mission under the CRS – 2 contract was launched on November 2, 2019. The CRS – 2 contract has six confirmed missions (including NG – 12) from 2019 through 2024.

⑮Harris Spaceport Systems, a private company, has a launch site operator's license at Vandenberg Air Force Base.

⑯ Those airports' annual passenger enplanements ranged from 10,000 to 449,731 in 2018.

⑰Or scheduled services with less than 2,500 passenger boardings a year.

⑱Located in Pike County, Ohio.

⑲Commercial service airports also derive revenues through flowage fees, but they are generally not as significant as landing fees and terminal charges.

⑳It does receive state and federal grants for certain capital projects.

㉑ICAO (International Civil Aviation Organization) develops "standards and recommended practices" for operating airports, each state establishes policies and regulations to implement such standards and recommended practices.

㉒ Highlands and Islands Enterprise (HIE) is the Scottish Government's economic and community development agency.

㉓Some states also provide additional funds for airport capital projects.

参考文献

[1] Airport Council International (ACI). (2019). Airport Economics at a Glance. ACI World, Montreal, Quebec, Canada.

[2] Anderson, C. (2015). Spaceport America, Spaceport Status Report to New Mexico Legislature, November 3, 2015. Available at: www.nmlegis.gov/handouts/STTC%20110315%20Item%201%20Spaceport%20Status%20Report.pdf

[3] AST & Science. (2018). New Manufacturing Facility and HQ in Midland, Texas, AST & Science News Release, November 15, 2018.

[4] Bachman, J. (2019). 'Virgin Galactic Unveils its New Space Base, but No Flights Yet,' Bloomberg, August 16, 2019.

[5] Boyle, A. (2015). 'After Virgin Galactic's Tragic Setback, Spaceport America Goes to Plan B.' Available at: www.nbcnews.com/storyline/virgin-voyage/after-virgin-galactic-tragedy-spaceport-america-goes-plan-b-n385761 (Accessed: 16 August 2016).

[6] Brinkmann, P. (2019). 'Firefly Aerospace Pushes Back First Launch to 2020,' Space Daily, September 6. Available at: www.spacedaily.com/reports/Firefly_Aerospace_pushes_back_first_launch_to_2020_999.html

[7] Bryce. (2019). 'Start-Up Space: Update on Investment in Commercial Space Ventures, Bryce Space and Technology,' April 2019. Available at: https://brycetech.com/reports.html

[8] Burr, J. (2013). 'Cecil Spaceport Signs Agreement with Atlanta Space Launch Company,' Jacksonville Business Journal December 23, 2013.

[9] Clark, S. (2018). 'Firefly's Commercial Satellite Launcher to Use Delta 2 Pad at Vandenberg, Space Flight Now,' May 2. Available at: https://spaceflightnow.com/2018/05/02/fireflys-commercial-satellite-launcher-to-use-delta-2-pad-at-vandenberg/

[10] Clark, S. (2019). 'Space Station Resupply Mission Successfully Launches Form Virginia, Spaceflight Now,' November 2. Available at: https://spaceflightnow.com/2019/11/02/space-station-resupply-mission-successfully-launches-from-Virginia/

[11] Congressional Record. (1995). 'Commercial Space Activities on California's Central Coast, Congressional Record – House, Volume 141, Number 22,' February 3, pp. H1195 – H1196. Available at: www.govinfo.gov/content/pkg/CREC-1995-02-03/html/CREC-1995-02-03-pt1-PgH1195-3.htm

[12] Crowder, J. L. (n.d.). 'Clinton – Sherman Air Force Base,' The Encyclopedia of Oklahoma History and Culture. Available at: www.okhistory.org/publications/enc/entry.php?entry=CL017

[13] Deloitte. (2006). 'Closing the Infrastructure Gap: The Role of Public – Private Partnerships.' Available at: www.deloitte.com/assets/Dcom-UnitedStates/Local%20Assets/Documents/us_ps_PPPUS_final(1).pdf (Accessed: 22 August 2016).

[14] Doreen, S. (2018). 'Midland City Council Approves Spaceport Extension, Midland Reporter – Telegram,' September 25. Available at: www.mrt.com/news/local/article/Midland-City-Council-approves-spaceport-extension-13256859.php

[15] FAA. (2009). State Support for Commercial Space Activities, Office of Commercial Space Transportation, the U.S. Federal Aviation Administration, Washington, DC, February 2009.

[16] FDOT. (2018). Florida Spaceport Improvement Program – Project Handbook 2018, The Florida Department of Transportation, Tallahassee, Florida, USA.

[17] FDOT. (2014). The Florida Spaceports Project Handbook, Aviation and Spaceports Office, State of Florida Department of Transportation, Tallahassee, FL.

[18] Foust, J. (2018a). 'Rocket Lab Selects Wallops for U.S. Launch Site,' SpaceNews, October 17.

[19] Foust, J. (2018b). 'Alaska Launch Shrouded in Secrecy,' SpaceNews, July 27. Available at: https://spacenews.com/alaska-launch-shrouded-in-secrecy/

[20] Foust, J. (2018c). 'Rocket Lab Launches Cubesats for NASA,' SpaceNews, December 16. Available at: https://spacenews.com/rocket-lab-launches-cubesats-for-nasa/

[21] Foust, J. (2019a). 'Relativity to Build Launch Site at Cape Canaveral,' SpaceNews, January 17. Available at: https://spacenews.com/relativity-to-

build-launch-site-at-cape-canaveral/

[22] Foust, J. (2019b). 'Rocket Lab's U. S. Launch Site nears Completion,' SpaceNews, September 28. Available at: https://spacenews.com/rocket-labs-u-s-launch-site-nears-completion/

[23] Fox, M. (2019). 'FlightSafety Intl, to Build State of the Art Facility at Houston Spaceport,' The Houston Report, October 28. Available at: www.houston.org/news/flightsafety-intl-build-state-art-facility-houston-spaceport

[24] Garwood, K. (2019). 'Aevum Inc. Receives Contract to Launch Satellites from Cecil Spaceport,' Jacksonville Daily Record, September 18.

[25] Glasgow Prestwick Spaceport. (2018). 'Glasgow Prestwick Spaceport Brochure,' Glasgow Prestwick Spaceport. Available at: www.glasgowprestwick.com/wp-content/uploads/2018/02/Spaceport-brochure-Feb-2018.pdf (Accessed: 13 May 2019).

[26] Gomez, L., Gutman, B., Lee, B., and McCune, B. (2007). 'History of Spaceport America, PSL Leonard R. Sugerman Public Forum,' Las Cruces, NM, October 23. Available at: https://web.archive,org/web/20080912115523/http://spacegrant.nmsu.edu/isps/presentation/history.pdf

[27] Google. (2019a). Mid-Atlantic Regional Spaceport (MARS). Map Data Published by Google. Mountain View, CA. Available at: www.google.com/maps/@37.9330309,-75.4744605,3455m/data=!3ml!1e3

[28] Google. (2019b). Oklahoma Air and Space Port. Map Data Published by Google. Mountain View, CA. Available at: www.google.com/maps/place/Oklahoma+Air+and+Space+Port/@35.334789,-99.1405713,5714a,35y,270h,38.33t/data=!3ml!1e3!4m5!3m4!1s0x87abf62c427f6991:0x8bldbd323f6fb08a!8m2!3d3

[29] Google. (2019c). Cecil Spaceport. Map Data Published by Google. Mountain View, CA.

[30] Google. (2019d). Midland International Air and Space Port. Map Data Published by Google. Mountain View, CA. Available at: www.google.eom/maps/@31.909364,-102.2134028,4614a,35y,38.43t/data=!3ml!1e3

[31] Gulliver, B. S. and Finger, G. W. (2010). 'Can Your Airport Become a Spaceport?: The Benefits of a Spaceport Development Plan,' 48th AIAA Aerospace Science Meeting, January 4-7, Orlando, FL.

[32] Harbaugh, J. (2015). NASA Space Act Agreements, NASA. Available at: www.nasa.gov/partnerships/about.html (Accessed: 13 May 2019).

[33] Henry, C. (2020). 'Megaconstellation Startup Raises $110 Million to Connect Smartphones Via Satellite,' SpaceNews, March 3, 2020.

[34] Houston Airports. (2019). NASA Selects Intuitive Machines for Robotic Return to the Moon, Houston Airports News Room, June 19. Available at: www.fly2houston.com/newsroom/articles/nasa-selects-intuitive-machines-robotic-return-moon-2021/

[35] Hutton, G. (2019). When Will UK Spaceports be Ready for Lift-off? The UK House of Commons Library, United Kingdom. Available at: https://commonslibrary.parliament.uk/science/technology/when-will-uk-spaceports-be-ready-for-lift-off/

[36] ITT. (2010). ITT News & Release, February 10. Available at: www.itt.com/newsroom/news-releases/2010/itt-partnership-awarded-idiq-contract-for-spaceport

[37] Kelly, E. (2019). 'Blue Origin is Expanding its Already Massive New Glenn Rocket Factory at Kennedy Space Center,' Florida Today, March 22. Available at: www.floridatoday.com/story/tech/science/space/2019/03/22/blue-origin-is-expanding-its-already-massive-new-glenn-rocket-factory-at-kennedy-space-center/3226113002/

[38] Ketcham, D. and Ball, J. (2014). Is Space Exploration Best Served by NASA Holding Property Assets as a Landlord? Colorado Springs, CO: Copyright by the Authors.

[39] Kindler, S. (2019). Following Delays, Generation Orbit Expected to be First Cecil Spaceport Launch Customer, WJCT - The World, February 22. Available at: https://news.wjct.org/post/following-delays-generation-orbit-expected-be-first-cecil-spaceport-launch-customer

[40] Krishnan, R. and Perrmohamed, A. (2016). 'India's first Private Rocket Set for Launch in 2020', Business Standard India, 13 June. Available at: www.business-standard.com/article/current-affairs/india-s-first-private-rocket-set-for-launch-in-2020-116061300023_1.html (Accessed: 26 May 2019).

[41] Lindner, T. (2019). The Spaceport's Place in the Airport Industry, Airport

Magazine, December 2018 – January 2019, pp. 36 – 39.

[42] Martin, R. L. and Smith, D. D. (1996). 'The Western Commercial Space Center, Inc. Launches the California Spaceport™,' AIP Conference Proceedings, Vol. 361, pp. 213 – 217.

[43] Michoud Assembly Facility, (n. d.). Do Business with Us! Available at: http://mafspace.msfc.nasa.gov/business.html. Accessed: 14 October 2012.

[44] Moskowitz, C. (2010). Largest Commercial Rocket Launch Deal Ever Signed by SpaceX, Science & Astronomy, June 16. Available at: www.space.com/8611 – largest – commercial – rocket – launch – deal – signed – spacex.html

[45] Mulvaney, E. (2014). Spaceport Vision Lands Corporate Partner, Houston Chronicle, April 10. Available at: www.expressnews.com/business/local/article/Spaceport – vision – lands – corporate – partner – 5393803.php

[46] NASA. (2011). 2011 NASA Strategic Plan. Washington, DC: NASA Headquarters.

[47] NASA. (2017). Wallop Flight Facility, Fact Sheet, September 2017. Available at: www.nasa.gov/sites/default/files/atoms/files/wallops_factsheet.pdf

[48] NASA Partnerships. (2019). 'NASA Space Act Agreements', www.nasa.gov/partnerships/about.html (Accessed: 13 May 2019).

[49] New Mexico Spaceport Authority. (2012). New Mexico Spaceport Authority Business Plan 2012 – 2017.

[50] New Mexico Spaceport Authority. (2018). Financial Statements Year Ended June 30, 2019, Las Cruces, NM.

[51] Pearlman, R. Z. (2018). Last Delta II Rocket Launches NASA Satellite to Map Earth's Ice with Space Laser, Spaceflight, September 15. Available at: www.space.com/41850 – nasa – icesat2 – laser – launches – on – last – delta – ii – rocket.html

[52] Peltz, J. F. (1994). 'The Business Space Race: ITT Plans Commercial Satellite "Spaceport": Aerospace: Launch Facility at Vandenberg Air Force Base could Lead to the Creation of 400 to 500 jobs,' Los Angeles Times, November 29.

[53] Porter, M. E. (2001). 'Strategy and the Internet,' Harvard Business Review, Vol. 79, No. 3 (March 2001), pp. 62 – 78.

[54] Raymond, J. A. (1997). Airports and Spaceports: a Historical Comparison, a Research Paper Submitted to Air Command and Staff College, Montgomery, Alabama.

[55] Robinson, R. (2001). 'Space Authority Names Director City Man becomes First Paid Employee,' Newsweek, June 7. Available at: https://newsok.com/article/2743992/space-authority-names-director-city-man-becomes-first-paid-employee

[56] Ryan, M. (2013). 'Ellington Airport Commercial Spaceport Moves one Step Closer to Reality,' Houston Business Journal, July 18. Available at: www.bizjournals.com/houston/news/2013/07/17/commercial-spaceport-moves-one-step.html

[57] Schmidt, K. (2015). 'NASA Signs Agreement with Space Florida to Operate Historic Landing Facility,' Space Fellowship, June 23. Available at: https://spacefellowship.com/news/art44898/nasa-signs-agreement-with-space-florida-to-operate-historic-landing-facility.html.

[58] Seastrand, A. (1995). Commercial Space Activities on California's Central Coast, Speech in the US Congress, Congressional Record, Volume 141, Number 22, February 3. Available at: www.govinfo.gov/content/pkg/CREC-1995-02-03/html/CREC-1995-02-03-pt1-PgH1195-3.htm.

[59] Sheetz, M. (2018). SpaceX Planning Massive Expansion of Rocket Facilities on Florida's Space Coast, CNBC – The Edge, June 8. Available at: www.cnbc.com/2018/06/08/spacex-expansion-plans-at-kennedy-space-center-revealed.html.

[60] Sheetz, M. (2019). Trump Says Brazil is the 'Ideal Launch Location' for US Rocket Companies: Here's Why it's Cheaper, CNBC. Available at: www.cnbc.com/2019/03/19/trump-brazil-an-ideal-launch-location-for-us-rockets.html (Accessed: 26 May 2019).

[61] Shell, S. (2019). 'Space Florida Welcomes Firefly Aerospace to Cape Canaveral Spaceport – Space Florida', February 22. Available at: www.spaceflorida.gov/news/space-florida-welcomes-firefly-aerospace-to-cape-canaveral-spaceport/ (Accessed: 8 May 2019).

[62] Space Daily. (2000). 'Cape Canaveral Spaceport Master Plan,' Space Florida, Exploration Park, Florida, USA, January 2017.

[63] Space Florida. (2017). 'CCS Master Plan Update,' Space Florida. Available at: https://spaceflorida.gov/wp-content/uploads/2018/12/sf-bod-approved-ccs-master-plan-02-01-17.pdf (Accessed: 20 May 2019).

[64] Space Florida. (2018). Financial Statements for the Years ended September 30, 2017 and 2016. Available at: www.spaceflorida.gov/wp-content/uploads/2018/12/FY17_-_SF_Financial_Statements_-_CRI_-_Final.pdf

[65] SpaceX. (2019a). California Commercial Spaceport at Vandenberg. Hawthorne, CA: Published by Space Exploration Technologies.

[66] SpaceX. (2019b). Cape Canaveral Spaceport. Hawthorne, CA: Published by Space Exploration Technologies.

[67] Tinoco, J. K. (2018). 'Public-Private Partnerships in Transportation: Lessons Learned for the New Space Era,' World Review of Intermodal Transportation Research, Vol. 7, No. 1. pp. 1–22.

[68] Tuttle, B. (2018). Here's How Much It Costs for Elon Musk to Launch a SpaceX Rocket, February 6. Available at: http://money.com/money/5135565/elon-musk-falcon-heavy-rocket-launch-cost/

[69] United Nations. (1967). Treaty on Principles Governing the Activities of States in the Exploration and Use of Outer Space, including the Moon and Other Celestial Bodies, London/Moscow/Washington, done 10 October 1967, entered into force 10 October 1967.

[70] Vaughn, C. (2019). 'NASA Wallops Opens New Payload Processing Facility,' Salisbury Daily Times, July 12. Available at: www.delmarvanow.eom/story/news/2019/07/12/nasa-wallops-has-new-payload-processing-facility/1701765001/

[71] Virginia Commercial Space Flight Authority (VASPACE). (2018). 'Financial Statements, Year Ended June 30, 2018, Virginia Commercial Space Flight Authority,' Norfolk, Virginia, USA, September, 2018.

[72] Webb, A. (2006). 'Key Spaceport Bills Clear Legislature,' Albuquerque Journal, February 17. Available at: www.abqjournal.com/news/xgr/434593xgr02-17-06.htm

[73] The World Bank. (2017). Public Private Partnerships Transport Sector. Available at: https://ppp.worldbank.org/public-private-partnership/sector/transporation (Accessed: 5 May 2017).

[74] Zak, A. (2014). The Spaceport in Siberia, Air & Space Magazine. Available at: www.airspacemag.com/space/spaceport-siberia-180951416/July24 (Accessed: 26 May 2019).

第6章 航天港对经济、航空、社区和环境的影响

航天港不仅是跑道、发射台、航站楼和装配大楼，它还被视为撬动地方和区域经济的引擎，可以创造就业机会，刺激经济发展，增加税收。同时，它也可能对当地社区的环境和安全造成不利影响。此外，商业太空活动与航空公司和其他飞机运营商共享国家空域系统，以及部分航空港/航天港基础设施和地面设施。因此，航天港活动可能会影响航空公司、航空港和其他空域以及航空港利益相关者的运营。

6.1 经济影响

经济影响通过与行业、经济部门、特定企业实体或具体项目相关的支出和工作机会来衡量。商业航天港产生的经济影响包括因航天港建设和运营而产生的经济活动，这些活动对地方、区域和国家经济有直接、间接和诱发性的促进作用。航天港通过与航天港日常运营、建设、资本改良和航天港旅游直接相关的经济活动产生直接经济影响。这些都是航天港运营商、航天发射服务提供商、政府机构以及其他服务提供商和承租商在航天港开展的活动。直接经济影响通常从就业（全职工作）、工资（年薪、薪金和福利）和经济产出（资本支出+产生的收入）方面来衡量。

航天港通过下游行业的经济活动对经济产生间接影响，这些活动是航天港直接经营活动所产生的活动，如推进剂和氧化剂生产与运输。航天港通过其直接或间接员工的支出产生诱发性经济影响。例如，发射台的维护工人会将收入用于食品杂货、汽车和汽油、餐厅、家装、电影院和手机等。此外，通过旅游效应和投资效应等有催化作用的各种渠道，航天港还将促进其他经济部门业务的发展。

商业航天港仍处于起步阶段，因此关于其经济影响的研究非常有限。美国联邦航空管理局曾公布关于2001—2010年美国商业太空运输行业的五项经济影响研究，但其中未包含与航天港相关的经济活动（FAA, 2001, 2010）。

本节讨论了由美国航天港或为美国航天港开展的一系列特殊经济影响研究，并提醒读者注意可能存在的偏见。

显然，航天港建设所产生的经济影响取决于建设规模和持续时间。商业研究和经济发展局（BBRED）（2017）提供了对坎登航天港的经济评估[①]。在这项研究中，假设施工期为15个月，估计在这15个月内，该航天港将为当地创造190个就业机会，同时建设活动将产生923万美元的总经济产出和312万美元的地区生产总值。坎登航天港的总经济影响估计为每年2 000万美元。

根据美国航天港[②]的施工前商业计划（Arrowhead Center，2005），估计每6 000万美元的建设支出就能对新墨西哥州产生超过1.2亿美元的总经济影响，并维持超过1 450个新就业机会。如第5章所述，截至2015年11月，美国航天港已获得2.185亿美元的资本资金。假设乘数相同，则资本支出产生的总经济影响将超过4.37亿美元。有关美国航天港在建设期间创造的实际工作岗位数量，我们未能找到任何信息。

2005年，对于在佛罗里达州建设商业航天港的可行性和潜在经济影响，佛罗里达州太空管理局[③]委托富创公司予以评估，建设方案为利用卡纳维拉尔角现有设施或在其他地点建造新设施（Futron，2005）。在研究中，富创公司考察了建设佛罗里达州新航天港的两个方案：①将现有航空港扩建为航空航天港（跨区场地）；②在"未开发地区"新建航天港（综合场地）。估计建立新航天港的费用分别为第一个方案1 050万～2 800万美元，第二个方案1.855亿～2.78亿美元（Futron，2005）。至于航天港建设所产生的经济影响，富创公司利用美国商务部的区域投入产出模型系统（RIMS II）予以估计（2005）："新建"航天港的经济影响为5.54亿～8.3亿美元（综合场地）；现有航空港扩建为航空航天港（跨区场地）的经济影响为3 100万～8 400万美元。在2006—2008年施工期间，两个方案将分别累计创造3 865～5 800个新工作岗位和220～580个新工作岗位。正如部分读者所知，拟建的夏伊洛新航天港并未建成；塞西尔航空港（见第5章）于2010年成为美国第8个获得许可的商业航天港。同样，对于塞西尔航空港扩建为塞西尔航天港所产生的实际经济影响，相关信息也未公开。

与航天港建设的临时性质不同，航天港运营会持续推动地方、区域和国家经济发展。2015年，美国航天港发布2016—2020年业务计划（Spaceport America，2015），其中指出在2015财年，新墨西哥州向美国航天港捐赠46万美元的经常性运营费用，产生的收益为955.6万美元。Zach De Gregorio在其文章（De Gregorio，2016）中强调：在2016财年，新墨西哥州通过新墨西哥州普通基金向美国航天港捐赠94.4万美元，产生了2 080万美元的经济影响，包括商业航天业1 100万美元、非航空航天航天港业务109万美元、旅游业180万美元和新墨西哥州公司的间接采购390万美元等。这证明新墨西哥州的纳税人继续资助美国航天港是合理之举。

卡纳维拉尔角即使不是世界上最活跃的航天港，也算得上是美国最活跃的航天港。虽然许多航天发射是从卡纳维拉尔角空军基地起飞，但对发射操作和其他支持服务的监管是由肯尼迪航天中心/NASA来完成。根据NASA的数据（2017），在2017年，肯尼迪航天中心（航天港）[①]有1.019 4万名直接雇员，在佛罗里达州（间接和诱发）创造了1.355 9万个新就业机会。航天港的工作职位包括NASA公务员（19%）、NASA承包商员工（54%）、其他航天港承租商员工（5%）、商业发射提供商员工（13%）和肯尼迪航天中心游客中心员工（9%）。2017年，这些员工的总收入为10亿美元，这使得佛罗里达州的间接和诱发收入增加6亿美元。2017年，肯尼迪航天中心（航天港）运营产生的总经济影响估计为39亿美元，包括直接经济影响16亿美元，以及间接和诱发经济影响22亿美元。

麦克道尔集团（2011）列举了2010年的一项研究，这项研究发现阿拉斯加航空航天公司在2009年创造了202个工作岗位和1 000万美元的年劳动收入。在麦克道尔集团的研究中，估计阿拉斯加太平洋航天港综合体的中小型运输活动可以直接、间接和诱发创造约195个工作岗位，以及总计2 100万美元的年度工资和福利；阿拉斯加航空航天公司的无人机系统项目将再创造75个工作岗位，以及600万美元的工资和福利。此外，该研究还做出估计，到2022年，阿拉斯加航空航天公司可能在阿拉斯加创造385个高收入的高科技工作岗位，同时间接或诱发创造另外245个工作岗位，每年的工资为2 200万美元。

休斯敦航天港（埃林顿）近期不会开展发射或再入活动（Foust，2019），原因是它把重点放在将自身打造为航空航天创新中心，吸引航天公司和非航天公司入驻（如第5章所述），并产生实际经济影响。埃林顿航空港和休斯敦航天港总经理阿图罗·马丘卡（Arturo Machuca）表示，"如果休斯敦航天港未能通过对运行航天港的验证和许可，这一切都不可能成为现实"（Foust，2019）。在没有任何发射活动的情况下，航天港如何成为经济发展中心？对于这个问题，休斯敦航天港的做法堪称典范。

在实现财政自给自足和推动经济方面，商业航天港取得了不同程度的成功。卡纳维拉尔角（肯尼迪航天中心和卡纳维拉尔角空军基地）一直是佛罗里达州"太空海岸"的主要经济支柱，而且这一地位将继续保持下去。通过航空航天研究、投资、制造、太空探索和商业，以及每年数百万的游客，卡纳维拉尔角为这一地区创造了数十亿美元的收入。另一方面，美国航天港尚未兑现使航天业繁荣发展的承诺。

6.2 挑战与问题

如前所述，航天港面临的一大主要挑战是缺乏财务可持续性，其他主要挑战包括确保安全运行，以及就发射失败时所造成的危险，减轻社区的犹豫态度。最近，另一个问题引发了公开辩论，即商业太空活动对商业航空和其他空域使用方的影响。

6.2.1 对商业航空的影响

空间飞行器通过空域前往外层空间目的地，或从这些目的地返回，与航空公司和空域的其他使用方共享空域。空间飞行器在穿越空域时存在发生严重故障的风险，这可能会对周围的其他使用方造成灾难性伤害。为了确保空间飞行器、航空公司和其他利益相关者的安全，重要的是，要将空间飞行器活动与其他活动分开进行。空间飞行器改变轨迹和路线的能力有限，而飞机可以在必要时灵活地修改其原定的飞行路线。因此，目前对太空发射的管理方法是在太空活动附近设置危险区，即限航区，并在预定的发射窗口期间限制飞机进入受影响的空域。这些危险区的地理和时间覆盖范围都要留出足够的安全裕度，以确保航空公司和其他空域使用方的安全。因此，在规定时间内，航空公司不得不改变航线或推迟航班，以避开危险区，这使航空公司产生额外费用，也对旅客和货物托运人造成额外延误。

过去，政府开展的太空活动有限，在航空公司和其他空域使用方看来，出于对国家安全和太空探索的支持，承担额外飞行时间和延误所造成的结果是爱国公民的应尽责任。然而，在过去十年，商业太空活动显著增加，并且许多商业发射场位于主要航线沿线（CRS，2019）。根据商业再补给服务（CRS）的信息（2019），在2018年阿拉斯加太平洋航天港综合体的两次商业发射中，发射窗口要求连续几天实施空域限制，迫使跨太平洋航线上的国际航空公司在改线后绕行数百英里。因此，相关辩论开始出现，即在商业太空活动造成商业航空（和其他空域使用方）的正常运营中断时，商业航空等使用方是否应承担因此造成的额外费用。

2018年6月，面对因商业太空活动日益增多而对航空业带来的挑战，民航飞行员协会（ALPA）发布白皮书（ALPA，2018）。白皮书强调需要更好地理解与太空活动相关的安全风险，同时政策和法规需做出调整。这份白皮书还提供了初步统计数据，说明2018年2月6日太空探索技术公司"猎鹰"重型运载火箭在卡纳维拉尔角发射时所造成的影响。根据这些数据，这次发射导致563个航班延误，每个航班平均延误8分钟。就民航飞行员协会所引用的数据而言，其准确性存在一些争议（2018）[⑤]。但根据民航飞行员协会发布这一主题白皮书的行为，以及随后媒体上对这一问题的讨论，人们不难看出太空活动对航空的影响已成为航空公司、航空港和其他利益相关者的问题。

民航飞行员协会在后续文件（ALPA，2019）中指出，为进行太空发射，目前的做法是关闭大量空域，这给商业太空运营商带来巨大的行政负担，并对航空造成重大干扰。在这份文件中，民航飞行员协会提出了整合商业太空的愿景：在近期至中期阶段内，通过数据交换、加强协调和态势感知，将当前为太空活动提供空域的模式转变为更好的协作模式。

在部分研究中，对计算和确定危险区和残骸区的各种方法进行了探讨。例如，Larson等（2008）提出了一种计算工具，可以根据航天飞机再入轨迹和实时状态向量生成飞机危险区域；Gonzales和Murray（2010）研究了可重复使用亚轨道火箭的飞机缓冲区和地面缓冲区，涉及故障分配概率、飞机易损性、风力条件影响和残骸目录等。Luchkova等（2016）根据"哥伦比亚"号航天飞机的事故残骸数据建立了模拟模型，以生成在欧洲空域，位于概念化"太空班机"飞行轨迹沿线的飞机危险区域。Colvin和Alonso（2015）利用NASA的FACET软件，对使用紧凑包络概念和使用传统方法生成危险区的效果予以模拟和对比。

在一些研究中，研究人员尝试估算太空发射对空域的影响，以及替代空中交通管制程序可能以何种方式减轻这种影响。Young和Kee（2014）研究了一次历史性发射和再入，从而确定并量化商业太空发射和再入活动对国家空域系统当前运行的影响。这项研究特别调查了太空探索技术公司"猎鹰"9号/"龙"飞船的情况。这一太空舱于2013年3月1日从卡纳维拉尔角空军基地发射到国际空间站，并于2013年3月26日在加利福尼亚海岸附近的太平洋再入。研究结果显示，在发射期间，杰克逊维尔和迈阿密航线空中交通管制中心（ARTCC）的航班飞行时间增加1~23分钟，飞行距离增加25~84海里[⑥]，但佛罗里达州主要航空港的运营没有受到任何重大影响。他们的结果还显示，受再入活动影响，目的地/始发地为夏威夷和澳大利亚的航班需额外飞行1.5~7分钟，以及15~27海里，但对国内和其他国际航班的影响很小。在一项后续研究中，Young 等（2015）进行快速模拟，从而在未来交通和空间飞行器替代场景下，对比两种程序——现有的空中交通管制程序和提议的利用 4D 紧凑包络的空中交通管制程序，会对国家空域系统产生的影响。模拟结果表明，提议的 4D 紧凑包络程序将减少飞行延误、改航距离和燃料消耗量。Tompa 等（2015）开发出马尔可夫决策过程模型，以研究在卡纳维拉尔角发射两级入轨飞行器的场景下最理想的飞机改航策略。Srivastava 等（2015）提出"两步法"，利用在选定的历史日期，封锁空域周围的最小偏差航线来估计太空发射或再入活动的影响。

上述研究对垂直太空发射的影响予以分析，而 Tinoco 等（2019）使用全空域及航空港建模工具（TAAM）模拟，来研究空间飞行器水平发射对航空公司的潜在影响。确切地说，对于现在和未来美国佛罗里达州塞西尔航天港的水平发射将对航空公司造成的影响，这项研究进行了对比分析，同时探讨了减少太空活动对航空公司和航空港负面影响的缓解整合策略。在水平太空发射中，空间飞行器与载机相连。同普通飞机类似，载机将从航天港的跑道起飞，在到达约 4 万英尺的高度时，空间飞行器将从载机上发射。发布临时飞行限制的目的一般是防止航空公司或其他空域使用方进入空间飞行器发射活动的预定危险区域，以及载机在到达发射高度前的飞行路径或走廊。如果将载机视为常规飞机，则在临时飞行限制关闭期间，不会限制其他飞机飞越该"走廊"。目前，太空发射的临时飞行限制在 4 小时内有效，分别为预定发射前 2 小时和发射后 2 小时。Tinoco 等（2019）探讨了不同场景下对受影响航班的影响，包括缩短临时飞行限制关闭时间窗口和无走廊临时飞行限制场景。他们的初步研究结果表明，如果走廊沿线的空域在太空发射期间保持开放，则对飞行的影响将降到最低，因为大多数可能受影响的航班都靠近海岸线飞行。最后，Kaltenhaeuser 等（2019）根据潜在受影响区域的历史空中交通数据，对可能在德国北海海岸进行的水平太空发射予以分析。他们的结论是，发射对欧洲空中交通运行的影响有限。

太空活动不仅会影响空域内飞机，也会影响地面活动。例如，推进剂和氧化剂仓库必须与其他燃料仓库保持安全距离；航空港和航天港位于同一地点时，发射台和着陆台必须与跑道、滑行道和其他航空设施保持足够的间隔距离。航空港和航天港位于同一地点时，水平太空发射和载机着陆将导致飞机运行中断。虽然业内有太空活动对航空港影响的专门报告，但目前还没有对这种影响提供定量证据的系统研究。民航飞行员协会白皮书（ALPA，2018）指出，2018 年 2 月 6 日，在太空探索技术公司发射"猎鹰"重型火箭期间，距离卡纳维拉尔角航天港最近的大型枢纽航空港奥兰多国际航空港经历了62次起飞延误和59次到达延误。但是，这些数字并未排除因其他原因造成的延误。根据作者与杰克逊维尔空中交通管制中心空中交通管制员私下进行的交流，即使卡纳维拉尔角的太空发射活动确实导致地面等候，该等候时间也非常有限，而卡纳维拉尔角可以说是美国最繁忙的航天港地区。

商业太空活动对通用航空的影响没有受到太多关注。在对联邦航空管理局《关于精简发射和再入许可要求的拟用规则制定通知》做出回复的函件中，飞机业主和飞行员协会（AOPA）[5]表示，"我们认为，在风险管理战略中，联邦航空管理局并未充分考虑目视飞行规则通用航空运营"。该函件指出，许多航天港位于有大量目视飞行规则交通的地区，在按目视飞行规则飞行时，许多这类通用航空运营商都不会使用空中交通服务。飞机业主和飞行员协会还指出，不同发射场设置的飞机危险区名称不一致，在发布沿海发射场发射的临时飞行限制时，也缺乏明确的合规用语，这些飞行限制并未每次都明确说明限航区延伸到12海里沿海界限以外。

6.2.2　对当地社区的影响

虽然社区成员可以看到并理解航天港对当地社区的经济利益，但这些效益往往是以牺牲社区成员的生活方式为代价。总的来说，现在新设的航天港往往位于人口密度一直较低且靠近海岸区的地区，以及分布有零星长住居民和小镇的地区。在这些地方，自然景观和安静的环境非常宝贵。

正如任何新开发项目一样，在是否支持修建航天港的问题上，社区内部往往会出现分歧。虽然承认建设可能会创造收入更高的新工作和其他经济利益，但社区居民和小企业也表达了许多担忧，通常包括：
- 人身、财产和环境（动植物）安全，以及对健康和幸福感的影响；
- 噪声、振动和光污染对人类和动物造成影响，声爆问题；
- 对清静环境、生活方式和当地文化的破坏；
- 对地下水、地表水、土壤和空气造成污染，异常情况引发的火灾隐患和坠落残骸等；
- 电磁干扰（EMI）影响；
- 在家庭和企业上空的提议飞行模式；
- 主管机构对航天港的所有负面影响缺乏透明度；
- 将急需的公共资金转用于与航天港相关的项目；
- 航天港的长期社区债务；

- 目前尚不清楚的其他对环境生态系统的影响；
- 对考古遗址的破坏或负面影响；
- 航天港对当地社区住宅和企业造成的监管和法律限制；
- 发射期间关闭国家公园和地方公园；
- 空域和通航水道的临时限制和关闭，这可能会对通用航空、包租公司和渔民等产生影响，生计可能因此受到影响；
- 可能对居民区进行疏散；
- 生活消费水平提高，对当地居民产生负面影响；
- 发射失败和出现火箭燃料、残骸和污染物意外排放时，会给敏感湿地的公园游客和野生动物带来重大安全问题；
- 对道路和当地基础设施造成的影响；
- 对公用设施可用性和供应造成影响，例如供水（火箭发射需要大量的水来减少噪声发射）、电力和天然气；
- 小企业在大企业的冲击下被迫关闭；
- 增加税收，以支付对居民和企业都有影响的航天港必要辅助项目的成本；
- 政治动机压倒了对企业和居民的关注；
- 安全和恶意行为防范。

在英格兰西南部，纽基航空港提出抗议，反对当地资助康沃尔航天港，这是社区对航天港意见不一的典型示例。纽基航空港有一条9 000英尺长的跑道，由7家航空公司提供服务。2018年，该航空港的飞机活动为41 172架次，旅客量为45.688 8万人。维珍轨道公司选择康沃尔航天港作为"运载"一号系统首次发射的发射场，目标是在2021年从康沃尔进行首次发射。维珍轨道公司的发射载机是名为"宇宙少女"（Cosmic Girl）的改装波音747-400飞机。"宇宙少女"将从康沃尔航天港起飞，在机翼下携带"运载"一号火箭。载机到达大西洋上空的发射场后，在大约3.5万英尺处释放火箭，然后火箭将继续向太空飞行，携带卫星进入近地轨道。康沃尔航天港预计最终将创造480个工作岗位，每年为当地经济贡献2 500万英镑。康沃尔和锡利群岛当地企业合作伙伴（LEP）在其《太空行动计划》中做出进一步预测：如果航天领域发展壮大，则可以在康沃尔创造数千个就业机会，到2030年，年度价值将达到10亿英镑。2019年11月6日，英国航天局批准向维珍轨道公司提供735万英镑（950万美元）的补助金，帮助维珍轨道公司在康沃尔航天港建立发射设施（O'Callaghan，2019）。2019年11月26日，康沃尔郡议会以

66票对34票的表决结果，批准了对航天港项目提供1 030万英镑（1 330万美元）的地方补助金，导致观看表决的抗议者在郡议会的会议厅制造"混乱"（Berger，2019）。

发射会吸引游客和观众。游客涌入对发展当地经济有利，但汽车、拥堵和垃圾等问题随之而来，对社区和环境造成影响。在游客观看发射后，当地需花费额外资金进行垃圾清理。即使在非工作时间，游客到该地区游览后也会留下成堆的垃圾。图6.1为装满垃圾的皮卡车，它只是众多皮卡车中的一辆，它们在肯尼迪航天中心北部的卡纳维拉尔角国家海滨进行海滩清理。

图6.1　卡纳维拉尔国家海岸的垃圾收集

资料来源：NASA/迪米特里·杰罗迪达基斯，2018

在处理所有这些担忧时，既要保持理解，又要保证透明，以便在提议建设航天港时努力实现共生解决方案。否则，如果因社区抵制（The Herald Scotland Online，2018）甚至诉讼（Landers，2019）导致延迟，则将对推进航天港的可行概念和最终许可产生不利影响。

6.2.3　环境影响

根据多年来对世界各地的太空发射收集的数据，人们都很熟悉航天港作业对环境的影响。下面我们将重点介绍与环境相关的主要安全问题，及其对生态系统的影响，其中许多内容与6.2.2节提及的社区担忧相重复。对于希望成为或希望在其区域内开发航天港的实体，这些内容已在前文进行了讨论。国情、指导方针、政策、法规和程序会有所不同。

- 有毒物质控制、储存和处理不当，导致空气、水（地表和地下）和土壤受到污染。对植物、动物、人员和当地社区造成影响，包括满足对清洁空气、清洁水、安全饮用水和清洁土壤需求。
- 加压气体、推进剂、燃料、氧化剂和清洁材料等造成的相关安全危险。
- 危险废料处理。
- 噪声污染、光污染、声爆、地面和空气振动，以及由此对生态系统造成的影响。
- 空气污染、温室气体排放和臭氧消耗。
- 电磁干扰和辐射。
- 危险活动，包括瞬时燃烧危险，以及地面和空中的爆炸危险。
- 对沿海生态系统、河流、草地和湖泊造成危险，取决于航天港的位置。
- 爆炸效应、热效应和飞散的残骸。
- 对濒危物种的危害与海洋哺乳动物保护。

航天港的其他环境考虑事项包括因地理位置而易受自然现象影响的性质，如与极端温度和环境有关的自然现象（冰、雪和风等）、飓风、海啸、龙卷风、旋风和闪电，以及滑坡或地震/微震等任何严重的地层位移（Allahdadi等，2013）。

6.2.4 发射和着陆异常案例

为了保证选用恰当的例子，示例中的发射和返回异常可能引起了灾难性危险。1986年，"挑战者"号航天飞机在起飞过程中在大西洋上空解体（图6.2）。尽管NASA以及全球都面临过宇航员损失，但残骸对当地社区的影响很小，大多数残骸都落入海洋中。然而，在最近一些年，2003年的"哥伦比亚"号事故有可能对当时的环境和社区造成更严重的灾难性影响。"哥伦比亚"号返回时在美国大陆上空解体，随后发生了爆炸，第一次爆炸产生的残骸坠落了90分钟之久，从加利福尼亚（图6.3）一直散落到犹他州、内华达州、亚利桑那州、新墨西哥州、得克萨斯州和路易斯安那州。

在高层大气层，残骸速度达到1.2万英里/小时，一些重量高达800磅的大块残骸以1400英里/小时的速度撞击地面，形成直径超过6英尺的撞击坑。在得克萨斯州的纳科多奇斯，一块相当大的残骸坠落在相距仅几英尺的两个爆炸性天然气罐之间。无论是空中还是地面，残骸均未造成其他重大事故或死亡，这着实令人称奇。商业航空公司和其他空域使用方不得不改变航线，

图 6.2 "挑战者"号事故

资料来源：NASA，2008

但这不是立即就能实现的。

忧心忡忡的市民纷纷拨打当地主管机构的电话，称其听到了声爆、轰鸣声，并发现了坠落的残骸。每分钟的电话拨打次数高达 18 次。牛受到了惊吓，渔民报告说有残骸掉进了湖里，一位女士报告还称，落下的残骸撞到了她的挡风玻璃。除了坠落的残骸造成了伤害之外，残骸类型也使 NASA 感到担忧。NASA 认为高毒性的推进剂和气体已经在大气中燃烧殆尽（Waymer，2019）。但是，烟火装置带有可能爆炸的相关触发器（想想手榴弹），当时这可能会产生严重后果，需要经过培训的专业人员拆除。在派出急救人员时，还考虑了高温金属燃烧和浓缩氨水导致的化学燃烧。

在残骸分布密集的两个主要水体中，工作人员利用声呐来识别水下残骸。这两个水体为得克萨斯州的纳科多奇斯湖和托莱多本德水库。声呐在水库中发现了 3 100 块残骸，在湖中发现了 326 块残骸。图 6.4 为直径 40 英寸的铝制低温液体储罐，在纳科多奇斯湖中找到。这种特殊储罐在环境中无毒性。

大多数残骸（轨道飞行器的 38%～48%）都是从得克萨斯州东部到路易斯安那州西部的范围内找回的。如图 6.5 所示，黑线表示残骸最集中的区域。此外，从图 6.6 中可以看到，轨道飞行器面板的残骸线从达拉斯西南方开始直接延伸到路易斯安那州。在这条线上分布有许多社区。

第 6 章 航天港对经济、航空、社区和环境的影响

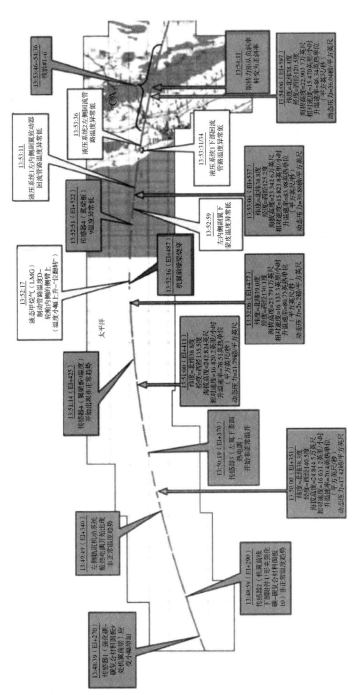

图 6.3 "哥伦比亚"号事件和最初的残骸坠落物

资料来源：NASA，2003

图 6.4　回收的液体储罐

资料来源：纳科多奇斯警察局和 NASA，2003

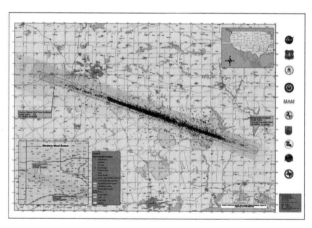

图 6.5　得克萨斯州高度集中的残骸分布区

资料来源：NASA，2003

工作人员搜索了 230 多万英亩的面积，发现超过 8.4 万块残骸，总重量为 8.4 万磅。残骸在收集后，带回了肯尼迪航天中心进行检查（图 6.7）。仅联邦紧急事务管理局就动用了超过 3.05 亿美元的资金。这笔费用还不包括其他机构和急救人员等产生的费用。此外，有关机构向提出法律损害索赔的农民赔偿了共计 5 万美元，这笔金额相对较小。总之，在搜寻和清理工作中，许多联邦、州和当地社区花费了数百万美元。

图6.6 标有达拉斯所在位置并一路延伸到路易斯安那州的残骸分布区

资料来源：NASA，2003

图6.7 肯尼迪航天中心收集的"哥伦比亚"号残骸

资料来源：NASA，2003

接下来，我们将讨论最近发生的两次爆炸。2014年，"安塔瑞斯"火箭在发射时在瓦罗普斯飞行研究所爆炸。这项任务包括轨道ATK公司的"安塔瑞斯"运载火箭，以及装载着加压货物、计划前往国际空间站的"天鹅座"宇宙飞船。在飞行刚超过15秒时，主发动机系统发生爆炸，坠落回地面。发射场安全人员发布销毁命令，以终止飞行，减少了进一步的损失。这次爆炸未造成人员受伤，但与任何爆炸一样，爆炸时可能释放了毒气，危险残骸需由经过专门训练的人员清理。发射台与附近的设施和建筑受到严重破坏。发射区域在爆炸后的情况如图6.8所示。

图6.8　瓦罗普斯飞行研究所发射台在火箭爆炸后的情况

资料来源：NASA，2015

2019年，太空探索技术公司的"龙"飞船点火试验失败，导致四氧化二氮生成的有毒红色烟雾释放到空气中。在点火试验前，已采取各种风险缓解措施，包括与公共场所的安全距离检查。此外，对盛行风进行了评估，同时点火试验指向远离人群的方向（Waymer，2019）。这次事故未造成人员受伤，但这也提醒我们，除了发射和着陆之外，航天港的其他活动也可能产生危险后果，必须制定适当的程序，并由经过训练的人员执行。

即使发射成功，也可能会对附近周边地区的居民，以及第一级助推器和侧助推器坠落区域的居民造成危险。根据Jones提供的信息（2019），2019年11月22日，搭载两颗北斗卫星的中国"长征"三号乙火箭从西昌发射中心发射升空，将两颗卫星成功送入轨道。但火箭的第一级助推器坠入沿试验航向分布的一个村庄，摧毁了一所房屋。"长征"三号乙火箭的第一级和侧助推器包含有毒的自燃推进剂（Jones，2019）。尽管这是中国发生的事情，但我们也要注意，在联邦航空管理局《飞行安全分析手册》的当前版本中（FAA，2011），并未对有毒物质释放的风险予以说明。

上述案例表明，社区关注、公共安全和环境问题是严肃问题，需要直接和真诚地关注。为了在航天港开发和活动之前解决社区和环境问题，各实体需要根据该地区（国家、区域和地方）的监管要求评估和减轻影响。如果由外部公认机构来进行影响评估（Allahdadi 等，2013），则评估结果将最为可靠，同时评估也更符合法律要求。最后，所有利益相关者都有责任确保航天港的经济效益、可持续性和安全性。如果有任何担忧，则所有合作伙伴都需要及时直言不讳地进行说明，从而解决这些担忧和问题。

注释

① The Camden County Board of Commissioners formally submitted its application for a Launch Site Operator License（LSOL）to the FAA in January 2019. However, the county pulled their application in December 2019 to modify for alternate launch vehicles.

②Referred to as Southwest Regional Spaceport at the time of the study.

③Florida Space Authority was consolidated with the Florida Space Research Institute and the Florida Aerospace Finance Corporation in May 2006 to form Space Florida.

④NASA（2017）refers to KSC as Kennedy Spaceport.

⑤Over 85% of all general aviation aircraft in the U. S. are operated by AOPA members http://download. aopa. org/advocacy/2019/190715_space_launch. pdf.

⑥ 1 海里 = 1 852 米。（编者注）

参考文献

[1] Allahdadi, F. A. , Rongier, I. , and Wilde, RD. (2013). Safety Design for Space Operations. S. Sgobba Editor; Sponsored by the International Association for the Advancement of Space Safety & Books 1st ed. . Oxford:Elsevier.

[2] ALPA. (2018). 'ALPA White Paper Addressing the Challenges to Aviation from Evolving Space Transportation,' Air Line Pilots Association,Washington, DC,June 2018.

[3] ALPA. (2019). 'ALPA White Paper – Safe Integration of Commercial Space Operations into the U. S. National Airspace System and Beyond,' Air Line Pilots Association,Washington, DC, October,2019.

[4] Arrowhead Center. (2005). 'Southwest Regional Spaceport Business Plan', developed for New Mexico Economic Development Department, New Mexico

State University, Las Cruces, NM, October 2005.

[5] Berger, E. (2019). Rocket Report: Cornwall Locals Protest Spaceport, China's Toxic Rocket Problem, Ars Technica, November 29, 2019. Available at: https://arstechnica.com/science/2019/11/rocket – report – ariane – 6 – already – eyeing – upgrades – floridas – busy – december/

[6] The Bureau of Business Research and Economic Development (BBRED). (2017). Spaceport Camden Summary, A Report Prepared for Camden County. Woodbine, GA: Georgia Southern University, September 2017.

[7] Colvin, T. I. and Alonso, J. I. (2015). 'Near – Elimination of Airspace Disruption from Commercial Space Traffic Using Compact Envelopes', AIAA Space Forum, Pasadena, CA, August 31 – September 2, 2015.

[8] CRS. (2019). 'Impact of Commercial Space Launch Activities on Aviation,' Congressional Research Service, November 1, 2019.

[9] De Gregorio, Z. (2016). 'Economic Development Impact for New Mexico', Spaceport America, Las Cruces, NM, Available at: https://nmpolitics.net/index/wp – content/uploads/2017/03/Spaceport – America – Economic – Impact – 09 – 21 – 2016.pdf

[10] FAA. (2001). 'The Economic Impact of Commercial Space Transportation on the U.S. Economy', Federal Aviation Administration, U.S. Department of Transportation, Washington, DC, February 2001.

[11] FAA. (2010). The Economic Impact of Commercial Space Transportation on the U.S. Economy in 2009, Federal Aviation Administration, U.S. Department of Transportation, September 2010, Washington DC, USA.

[12] FAA. (2011). Flight Safety Analysis Handbook, Version 1.0, Federal Aviation Administration, Washington DC, USA, September 2011.

[13] Foust, J. (2019). 'Commercial Spaceports Increases Focus on Economic Development,' SpaceNews, November 26, 2019. Available at: https://spacenews.com/commercial – space ports – increase – focus – on – economic – development

[14] Futron. (2005). 'Feasibility Study of a Florida Commercial Spaceport, a Report for Florida Space Authority', Futron Corporation, Washington, DC, September 2005.

[15] Gonzales, E. A. Z. and Murray, D. P. (2010). 'FAA's Approach to Ground

and NAS Separation Distances for Commercial Rocket Launches',48th AIAA Aerospace Science Meeting including the New Horizons Forum and Aerospace Exposition,Orlando,FL,January 4 – 7,2010.

[16] The Herald Scotland Online. (2018). 'Bid to Bring Spaceport to Scotland under Threat Due to Crofters' Dispute,' The Herald Scotland. Available at: www. heraldscotland. com/ news/17255738. bid – to – bring – spaceport – to – scotland – under – threat – due – to – crofters – dispute/(Accessed:24 May 2019).

[17] Jones, A. (2019). Rocket Booster Smashes Home Following Chinese Long March 3B Launch, SpaceNews, November 24, 2019. Available at: https://spacenews. com/rocket – booster – smashes – home – following – chinese – long – march – 3b – launch

[18] Kaltenhaeuser, S. , Luchkova, T. , Klay, N. , and Ang, R. B. R. (2019). 'Assessment of the Impact of Air Launch Operations on Air Traffic in Europe, Space Traffic Management Conference,' Robert Strauss Center for International Security and Law,The University of Texas at Austin,Austin,TX, February 26 – 27,2019.

[19] Landers, M. (2019). 'Camden County Sued over Keeping Spaceport Secrets,' Savannah Morning News, Available at: www. savannahnow. com/news/20190220/camden – county – sued – over – keeping – spaceport – secrets(Accessed:24 May 2019).

[20] Larson, E. W. F. , Carbon, S. L. , and Murray, D. (2008). 'Automated Calculation of Aircraft Hazard Areas from Space Vehicle Accidents: Application to the Shuttle', AIAA Atmospheric Flight Mechanics Conference and Exhibit,Honolulu,HI,August 18 – 21,2008.

[21] Luchkova, T. , Kaltenhaeuser, S. , and Morlang, F. (2016). 'Air Traffic Impact Analysis Design for a Suborbital Point – to – Point Passenger Transport Concept', Space Traffic Management Conference, Daytona Beach, FL, November 16 – 18,2016.

[22] McDowell Group. (2011). Potential Economic Benefits of Alaska Aerospace Corporation, a Report Prepared for Alaska Aerospace Corporation, March 2011. Available at: https://akaerospace. com/sites/default/files/reports/Potential%20Economic%20Benefits%20of%20AAC. pdf

[23] NASA. (2003). Colombia Accident Investigation Board Report Volume 1. August 26,2003. Available at:www. nasa. gov/columbia/home/CAIB_Voll. html

[24] NASA. (2015). Independent Review Team Orb-3 Accident Investigation Report, Executive Summary. Available at: https://sma. nasa. gov/SignificantIncidents/assets/orb3_accident_ investigation_report. pdf

[25] NASA. (2017). 'Economic Impact Study of NASA in Florida', John F. Kennedy Space Center, Public Affairs Directorate, FL.

[26] O'Callaghan, J. (2019). 'Virgin Orbit Awarded $9.5m to begin Horizontal Rocket Launches from the U.K. in 2021,' Forbes, November 6, 2019. Available at:www. forbes. com/sites/ jonathanocallaghan/2019/11/06/virgin-orbit-awarded-95m-to-begin-horizontal-rocket-launches-from-the-uk-in-2021/#66a89110519c

[27] Spaceport America. (2015). 'Spaceport America Business Plan: Bring the Future to the Present', 2016-2020, Las Cruces, NM.

[28] Srivastava, A., St. Clair, T. J., Zobell, S., and Fulmer, D. (2015). 'Assessing Impact of Space Launch and Reentry Operations on the National Airspace System(NAS) Using Historical Traffic Patterns', 2015 1EEE/AIAA 34th Digital Avionics Systems Conference(DASC), Prague, pp. 1-19.

[29] Tinoco, J. K., Yu, C., Firm, R., Castro, C. A., Moallemi, M., and Babb, R. (2019). 'Sharing Airspace: Simulation of Commercial Space Launch Impacts on Airlines and Finding Solutions,' Space Traffic Management Conference, Robert Strauss Center for International Security and Law, The University of Texas at Austin, Austin, TX, February 26-27,2019.

[30] Tompa, R. E., Kochenderfer, M. J., Cole, R., and Kuchar, J. K. (2015). 'Optimal Aircraft Rerouting During Commercial Space Launches,' 2015 IEEE/AIAA 34th Digital Avionics Systems Conference(DASC), Prague, pp. 1-31.

[31] Waymer, J. (2019). 'SpaceX's Crew Dragon Fire Sent Hazardous Chemical Compounds into the Environment', Florida Today, April 25,2019. Available at: www. floridatoday. com/story/news/local/environment/2019/04/25/spacexs-crew-dragon-incident-sent-hazardous-chemicals-into-environment/3548180002/(Accessed:19 November 2019).

[32] Young, J. and Kee, M. (2014). 'SpaceX Falcon-9/Dragon Operations NAS Impact and Operational Analysis,' DOT/FAA/TC-TN13/49, US Department

of Transportation, Federal Aviation Administration, William. J. Hughes Technical Center, Atlantic City International Airport, NJ.

[33] Young, J., Kee, M., and Young, C, (2015). 'Effects of Future Space Vehicle Operations on a Single Day in the National Airspace Systems: A Fast Time Computer Simulation,' DOT/FAA/TC - TN15/14, US Department of Transportation, Federal Aviation Administration, William J. Hughes Technical Center, Atlantic City International Airport, NJ.

第 7 章 航天港许可和规划

本章将首先探讨航天港法律和航天港运营法律的来源,并将它们与一些基本的航空法概念进行对比。然后,本章将讨论不同管辖区明显与航天港或发射场有关的国内法律和安全要求。

美国现行的太空法是《1984 年商业太空发射法》。根据该法的要求,航天港运营商必须先获得许可,然后才能为任何商业太空发射提供服务。联邦航空管理局负责向新商业航天港发放运营许可证,并制定了分四步发放许可证的程序。7.3 节简要概述了这一"四步法"许可程序,并探讨了航空港和航天港之间可以发挥的协同作用。由于目前大多数商业航天港都是从航空港过渡而来,所以航天港规划和航空港规划有相似之处。因此,7.4 节参考航空港总体规划,对航天港总体规划进行了讨论。

7.1 航天港法律的来源

太空条约通常被视为航天港国际法律的主要来源,并且始终是这些发射场太空活动所适用法律的来源。然而,如果将一些亚轨道飞行器归入国际航线的飞机一类,并将发射场视为航空港或经过改造的航空港,那么在讨论航天港法律时还必须包括航空条约。

太空条约虽然比较笼统(Vlasic, 1967),但对一些具体的法律义务做出了规定,其中包括:国家对注册太空物体的持续管辖和控制(《外层空间条约》, United Nations, 1967, 第八条)、责任制度(United Nations, 1972)、登记要求(United Nations, 1974)以及《外层空间条约》第九条规定的通知和活动开展任务持续负有义务(Von der Dunk, 2011)。

这些条约本身没有具体的成文标准和程序。然而,各国对其国民的所有太空活动,以及对这些活动的持续监督和控制负有最终责任。为履行这一责任,航天国家建立并实施太空监管和许可证制度,包括太空活动的安全标准和程序。例如,美国颁布了针对发射和再入、商业载人航天和发射场的先进许可证制度,该制度符合第六条的要求,即国家负责授权并持续监督其国民的太空活动。

尽管时间不长,但相比当前和未来太空活动的开展条件,太空条约制度的演变条件明显不同。例如,在条约起草和批准之时,发射是在国有和国营发射场/航天港进行的,运载火箭是一次性的,对于付费民众还未考虑实现载人航天,而且冷战也正在激烈上演（Mineiro,2008）。虽然现在已经时过境迁,但最早的条约规定的原则和法律义务仍未加以修改,且继续有效。

到目前为止,航天港均位于《外层空间条约》的缔约国或签署国境内。因此,在这些场所进行发射活动时必须遵循《外层空间条约》的规定。例如,根据这些规定,禁止航天港发射任何核武器或大规模杀伤性武器；航天港应保存其设施发射性能的详细记录,并向国家提供该记录[①]；在出现紧急着陆时,航天港必须尽力向宇航员提供帮助,并安全迅速地将他们送回其祖国。

对于航天港的国内法律、规则和法规,其权力来源于国家统治权。这些规则通过不同的机制来传播。在美国,商业太空运输办公室于1984年成立,旨在"规范美国商业太空运输行业,确保遵守美国的国际义务,并保护公共健康和安全、财产安全以及美国的国家安全和外交政策利益"[②]。商业太空运输办公室最初设在运输部部长办公室内,于1995年11月转移到联邦航空管理局,成为联邦航空管理局唯一与太空相关的业务部门。

7.2　不同国家的航天港法律法规

在不同的国家,航天港的许可和法规大相径庭。澳大利亚要求发射设施有标准的太空许可证。根据《2001年澳大利亚太空活动法规》的要求,申请人必须以书面形式提供员工职能、资格、职责和就业背景史的相关信息；发射设施所有员工的联系信息；以及与设施或其运营直接相关的所有个人的联系信息。此外,《2001年太空活动法规》要求提供有关航天港设施安全、环境和管理计划、安全计划和应急计划的详细信息。

中国有四个在用发射场,这些发射场均进行商业发射。然而,中国并未制定正式的航天港政策。这些发射场由中国政府运营并进行发射,其中部分发射会创造收入,虽然不是私营企业行为,但仍可以视为商业活动。海南文昌卫星发射中心是中国最新的航天港,公众可以在这里旅游和参观发射活动（Roberts,2019）。

在欧洲,欧洲航空安全局（EASA）在几年前向欧盟委员会提出建议,希望将亚轨道航天器视为飞机,将航天港视为航空港（Howard,2014）。根据该提议，欧洲航空安全局将管理航天港认证，并根据欧洲航空安全局法规进行监督，而欧洲航空安全局法规是通过《建议修正案通知书2011-2020》③（合并）和《芝加哥公约》附件14来实施。对航空港/航天港予以认证的基础包含有关当地的部分，原因是鉴于具体航空港/航天港的设计特点，可能需要特殊的详细技术规范。因此，根据法规（EC）216/2008第8条a，航天港所在地区的国家机构将负责进行认证。例如，瑞典民航局（SCAA）对瑞典航天港负责。此外，各成员国作为《芝加哥公约》的签署方，有义务采用国际标准和推荐做法（SARP），并根据《基本法规》和所有相关规则和规范来对其航空港进行认证和监督。同样，瑞典民航局将对瑞典航天港进行认证和监督。欧洲航空安全局规则规范了航空港/航天港的认证、监督、管理和运营程序，瑞典民航局将转而实施这些规则。瑞典的太空法不涉及对发射场的管理。

然而，将亚轨道航天港纳入现有航空计划的提案还只停留在提案阶段。欧盟委员会尚未通过该法案（Howard，2014）。2019年4月，欧洲议会签署了关于2021—2027年预算期欧盟（EU）航天计划的临时协议，其中包括设立欧盟航天计划局，以及统一和简化管理系统。如果该协议予以实施（或在实施时），欧盟委员会作为计划管理单位将确定优先事项和经营决策。欧洲空间局仍然是执行该计划的主要伙伴，而（新的）欧盟航天计划局将支持市场准入和安全认证。

奥地利法律包含关于轨道发射站和/或设施的条款④。奥地利国家法律对所有发射站点和设施加以管理。奥地利要求太空活动均需获得授权，包括对发射设施的运营⑤。同样，与澳大利亚一样，奥地利对设施许可证的要求是通用要求，但涉及运营商的能力、太空活动的安全、奥地利在国际法下的义务、外交政策利益和保险。

哈萨克斯坦法律允许政府确定发展和资助拜科努尔航天发射场的安排，⑥并将拜科努尔航天发射场视为不可私有化的战略对象。由此可以推断，其他航天发射场的私有化可能会获得允许，这是因为航天发射场的定义不仅限于拜科努尔。哈萨克斯坦法律提出了明确的政策目标。这项法律为安全提供了保障，而且对国际义务、国际合作以及国内太空服务市场的开发和太空服务在国际市场上的扩大做出了规定。然而，这项法律没有具体说明政府在改换闲置设施的用途时将会或可能会执行哪些程序，也没有具体说明这些航天发射场（除拜科努尔外）的私有化需要具备哪些条件。列出的政策目标和法律要求之间存在脱节。我们如何才能实现两者之间的衔接？

新西兰在2017年颁布的《外层空间和高空活动法》多少有些特别，一方面它对高空活动予以承认，另一方面它选取的政策是，对高空活动和外层空间活动均实施立法，同时又对两者加以区分。该法对两种航天港许可授予形式做出了规定，一种是与发射许可证相关联，另一种是不与发射许可证关联。

在俄罗斯的《太空活动法》中，太空基础设施的定义包含航天发射场、发射综合体和装置。从表面上看，这意味着发射场等在保障或开展太空活动时受到了法律管制，如此一来，基础设施管制反过来又与发射活动关联了起来。

在乌克兰，用于探索和利用外层空间的地面设施和基础设施包含在太空设施的定义下。这些法规还规定了这些设施的运行标准，及其认证和注册事项。装置和地面基础设施的建设、运行、维护和维修也受到监管。在乌克兰境内或其管辖范围内，任何从事或计划从事太空活动的太空设施都必须获得许可，并登记在乌克兰《国家太空设施登记册》上。登记后，乌克兰将不承认该设施此前在其他国家的任何登记。

过去十年，将航天港、发射场或设施真正纳入国家法律的国家越来越多。最近颁布的法律就考虑了航天港许可或批准事宜。从航天港完成发射就意味着，航天港所在国家以及与该航天港存在利益关系的缔约国都被视作发射国，无论该国参与航天港运营的程度如何（Schrogl，1999）。无论国家是否对该发射场予以许可，它都要承担发射所造成的所有国际责任。尽管该设施可能引发责任，但发射才是首要问题。设施的性质由发射决定。

表 7.1 介绍了航天港和发射相关法律的要素，展示了航天港法的当前趋势。在编制表 7.1 前，我们对联合国外层空间事务厅国家太空法在线资料库提供的发射和航天港法律进行了定量评估，该表显示了一些令人关注的趋势。表 7.1 包含由政府执行所有发射的国家（中国、日本和哈萨克斯坦），以及加拿大。除了安全问题之外，加拿大对所有问题都保持沉默。

在表 7.1 列出的 22 个国家中，有 10 个国家（45.4%）在其国家太空法中提到了发射场许可证法规。在这 10 个国家中，有 3 个国家（占除了由政府执行所有发射的国家总数的 17%）将发射许可与发射场许可完全关联起来，而有 5 个国家（28%）则是在有限范围内对二者进行关联。此外，如果将执行政府发射活动的国家与允许私营发射活动的国家分开来看，则 72% 的国家会将飞行器作为发射的一部分授予许可，而相同比例（72%）的国家会在授予发射许可的同时授予运营商许可。在这些因素中，安全作为各国共同认为的重要因素占比最高（83%），其次是运营商的财务责任（72%），以及出现率相同的司法豁免权（72%）和对违规行为予以制裁的可执行性（72%），最后是运营商能力（67%）。

表 7.1 各国的发射场许可证和发射许可证关键要素

国家	发射场许可	发射场许可证与发射许可证挂钩	飞行器作为发射的一部分获得许可	运营商作为发射的一部分获得许可	司法豁免权	安全是驱动因素	运营商能力是驱动因素	运营商经济责任是驱动因素	实施的制裁
澳大利亚	是	是	是	是	是	是	是	是	是
奥地利	是	是	是	是	是	是	是	是	是
比利时			是	是		是	是	是	是
加拿大					是				
中国	是	政府	政府	政府	是	是	是	是	是
丹麦		是	是	是	是	是	是	是	是
芬兰			是	是	是	是	是	是	是
法国				是	是	是	是	是	是
印度尼西亚	是		政府	政府					
日本		政府	政府	政府	是				
哈萨克斯坦	是	政府	是	是					
荷兰	是		是	是	是	是	是	是	是
新西兰	是	有限	是	是		是	是	是	是

第 7 章 航天港许可和规划 191

续表

国家	发射场许可	发射场许可证与发射许可证挂钩	飞行器作为发射的一部分获得许可	运营商作为发射的一部分获得许可	司法豁免权	安全是驱动因素	运营商能力是驱动因素	运营商经济责任是驱动因素	实施的制裁
尼日利亚									
挪威	是		是	是	是				
俄罗斯		有限	是		默示	是		是	是
韩国			是	是	是	是		是	
西班牙			是		是				是
瑞典			是						
乌克兰	是	有限			是	是	是	是	是
英国	是	有限	是	是	是	是	是	是	是
美国	是	有限	是	是	是	是	是	是	是

安全性是发射场许可证和发射许可证的构成要素。虽然目前还没有关于安全的具体条约规定，但《责任公约》必然涉及发射国的安全活动。对于太空物体造成的损害，发射国永远负有责任。《外层空间条约》第六条为安全要求提供了法律依据，规定授予航天港许可证的各国有责任授权或认可该设施的活动，并继续进行监测和监督。

《外层空间条约》第九条对安全开展太空活动的国际义务做出了默示规定。这些活动当然包括发射和再入。《外层空间条约》第九条要求避免对和平利用和探索外层空间的活动造成有害干扰。因此，各国有义务确保航天港运营商安全地通过其设施开展业务，至少要进行足够的尽职调查，合理地避免对其他缔约国的活动产生不利影响的行为。

7.3 美国的航天港许可

有关美国的商业太空运输法规，详见《美国联邦法规》第14编第三章第400—460部分。第401部分、第417部分和第420部分特别规定了发射场运营的许可和安全要求。

《1984年商业太空发射法》授权美国联邦航空管理局商业太空运输办公室对发射和再入飞行器的发射和再入，以及由美国公民或在美国境内开展活动时的发射和再入场地运营予以监督、授权和管理。关于许可申请流程的程序指南，见联邦航空管理局咨询通告（AC）413-1（FAA，1999）。该通告适用于商业太空发射、再入和发射场或再入场运营的许可申请。许可流程的主要目标是确保拟议的商业太空发射/再入活动和发射/再入场"不会危及公共健康和安全、财产、美国国家安全或外交政策利益以及美国的国际义务"[7]。

如前所述，联邦航空管理局为发射场许可证申请制定了四步申请流程：①申请前咨询；②政策审查和批准；③安全审查和批准；④环境审查。在授予许可后，商业太空运输办公室将监督被许可方是否遵守《商业太空发射法》《商业太空运输许可法规》及其许可中规定的条款和条件。

申请前咨询：联邦航空管理局人员与申请人举行会议并开展其他交流，帮助申请人了解申请流程和程序，并制定提交申请的时间表。对联邦航空管理局而言，申请前咨询也是一个机会，可以了解潜在申请人拟开展的活动，并与申请人一起确定和解决与申请相关的任何技术、法律或政策问题。申请前咨询中要考虑的事项包括环境评估、系统安全分析、飞行安全分析、最大概率损失、空中交通组织/空域整合、航空港和安全检查概述。

政策审查和批准：涉及多个政府机构，包括联邦航空管理局、国防部、国务院和 NASA 等，主要是审查申请，以确保提案不会对美国的国家安全或外交政策利益或美国的国际义务造成负面影响。对于审查过程中出现的可能妨碍授予许可的问题，联邦航空管理局将以书面形式通知申请人。然后，申请人可通过书面形式回复更多信息或修改许可证。正是由于这些原因，递增式申请法显得更加灵活，在联邦航空管理局和申请人之间建立了更透明、开放的沟通渠道。

安全审查和批准：目的是确保拟开展的活动可以安全进行，并且申请人完全了解与拟开展活动相关的潜在危险。安全审查还包括发射场位置审查。在审查时，申请人必须证明运载火箭可以安全地从拟用发射点起飞。对发射场位置审查的各种因素进行审查，包括其边界、飞行走廊和风险分析。对于位置审查，提供的信息包括地图、运载火箭类型和等级、轨迹数据、分析中使用的每月风力数据和百分比风力数据、飞行走廊或落点散布区内的人口密集区、飞行走廊或落点散布区内每个人口密集区的预计伤亡人数计算值、分析中使用的有效伤亡区、飞越禁区内的人口密集区有无居民的相关信息，以及在发射期间疏散公众的协议。

风险分析，又称定量风险评估（QRA），是许可证不可或缺的一部分。它计算对飞行走廊内任何人口密集区域的风险。风险分析包括飞行器总失效概率估算、确定运载火箭在其轨道上某一特定点发生故障时残骸所造成有效伤亡的区域，以及确定与危险（残骸）区域相对应的人口模型。联邦航空管理局咨询通告 AC 431.35-1（FAA，2000）提供了一种适宜的方法，用于估计商业太空发射和再入任务的预期伤亡（E_c）值或该值的上限。这一咨询通告于 2013 年 3 月 25 日撤销，被《飞行安全分析手册》取代（FAA，2011）。手册提出了一种两级法：第 1 级是低阶风险估计；第 2 级是高阶风险估计。第 1 级方法采用相对简单的方式和保守假设来估计风险。如果第 1 级分析表明风险过大，则应采用第 2 级方法，该方法还要求进行风险缓解。第 2 级方法需采用更精确和复杂的估计方式。例如，第 2 级分析将利用经过验证的漏洞模型来代替简单的危险阈值（FAA，2011）。第 2 级分析包含不同场景下的敏感性分析[8]。

在评估场地位置时，联邦航空管理局的关注点是发射点的安全性评估。然而，发射场运营商（航天港运营商）对飞行活动的安全，包括绝大部分的地面安全负有责任，这种责任只能获得最低限度的减让，因为飞行安全与许可证的获取息息相关。

申请中需要包含一份与相关空中交通管制机构签订的协议书。例如，对于塞西尔航天港，杰克逊维尔航空港管理局协议书的签署方包括杰克逊维尔中心（ZJX）、迈阿密中心（ZMA）、杰克逊维尔进近管制机构（JAX）、塞西尔空中交通管制塔台（VQQ TWR）和杰克逊维尔机队地区管制和监视机构（FACSFACJAX）。协议书规定了拟用运载火箭的类型、计划活动、飞行前活动和飞行后活动。在计划活动一项中，协议书会规定太空发射的频率以及一周中允许发射的日期和一天中允许发射的时间（如适用），还可提出必须避开的具体日期（或某些事件的日期），并规定起飞和着陆跑道。协议书通常还包括飞行前/飞行后检查清单，以及可重复使用运载火箭活动区域的空域地图。

根据美国《国家环境政策法》的要求，环境审查应根据联邦航空管理局商业太空运输办公室环境政策开展，审查拟开展活动的环境影响和这些行动的合理替代方案。

航天港运营商许可证包含了被许可方必须遵守的多项条款和条件。例如，许可证规定，被许可方必须制订和执行事故计划，包括发射场事故的报告、应对和调查程序，并制订易爆场所计划。发射运营商必须保留记录，直至事故或事件调查结束。事故计划中必须写明，要保证与联邦官员开展合作，并要求授权签署和认证该申请的人员签名。目前，国家运输安全委员会（NTSB）对商业太空事故没有明确的法定管辖权。然而，它确实与联邦航空管理局和美国空军（USAF）签署了关于发射事故调查的谅解备忘录，使该机构可以领导有关某些商业太空发射事故的调查（Wall，2014）。

易爆场所计划规定了数量—距离要求，提出易爆危险设施、周围设施和公众可能活动区域之间的最小间隔距离。然而，推进剂的大部分搬运工作都属于发射运营商的安全审查范围。同样，航天港运营商的关注焦点是公众的地理或位置安全；而发射运营商关注的是发射安全，原因是它与公众存在关联。易爆场所计划最初包含在申请要求中，但后来调整至许可责任解释条例的子部分。这是因为航天港运营商始终具有遵守计划的义务。

航天港运营商许可证暗含了安全问题。只有通过政策审查流程，确定授予许可不会危及外交政策或国家安全利益，也不会隐秘地涉及《国际武器贸易条例》（ITAR）的考虑因素，联邦航空管理局才会授予许可。被许可方应安排安全人员并设置监视系统，防止人员在未经授权的情况下进入发射场或任何危险的航天港区域，如易爆场所等。从安全角度来说，这与易爆场所计划不同。限制进入的方法必须作为许可证的一部分获得批准。

申请人有时故意缩小计划活动的范围，以便获得初始许可。例如，在最初对塞西尔提出航天港申请时,尽管塞西尔的未来计划包括 X 概念和 Y 概念运载火箭以及水平起飞载人亚轨道飞行,杰克逊维尔航空港管理局也只对 Z 概念运载火箭提出了申请。航天港运营商可能会在以后申请许可证修改,以扩大其业务范围。

7.4 航天港总体规划

航天港运营商一旦获得运营许可,就要制定长期战略和发展目标。为实现这些目标,必然需要制定总体规划。总体规划是对航天港的短期、中期和长期发展计划能力及容量进行全面审查和评估,从而满足当前和未来的需求。根据具体情况,每个总体规划可能都有具体的目的或目标。为了完成总体规划的编制,需要与航空港/航天港使用方/客户、合作伙伴和其他利益相关方进行合作。目前,对航天港总体规划的编写尚无具体指导方针。现有大多数商业航天港都是从航空港转变而来的,与航空港有诸多相似的特点,因此航空港总体规划的基本要素也适用于航天港。

在航空港总体规划方面,目前存有若干重要的指导文件。在美国,航空港无须编制总体规划,但联邦航空管理局极力鼓励航空港编写该计划,并在 AC 150/5070 – 6B 中提供了详细的航空港总体规划编写指南(FAA,2015)。美国以外的许多国家都根据国际民航组织的《航空港计划手册:总体规划,第一部分》(9184 号文件,第 1 部分)来制定航空港总体规划指南。这一文件提供了航空港计划程序、空侧开发、陆侧开发和航空港支持要素的相关指南。

David Stewart 是国际民航组织航空港总体规划工作组的分组组长,他认为(Stewart,2018):

> 航空港总体规划是指航空港对如何实现其最终发展潜力所怀有的愿景。它是航空港长期资本投资/商业计划的现实体现;它将指出航空港在短期(0~10 年)、中期(10~20 年)和长期(20 年以上)阶段如何扩容。

Stewart 还表示,"总体规划体现了航空港的发展与空中交通类型和需求、经济和环境因素、投资要求、财务影响和策略的关联",同时,总体规划的详细程度取决于航空港的规模、问题和机遇;预算考虑因素(包括投资预算,以便做出恰当决策,而且计划的演变能够充分反映当地条件和使用方的特殊情况）；国家政策和法规。

所有上述内容都将适用于航天港总体规划。

联邦航空管理局将航空港总体规划的制定或更新过程称为总体规划研究。联邦航空管理局 AC 150/5070-6B 将总体规划研究分为：航空港总体规划或航空港平面图（ALP）更新。如联邦航空管理局 AC 150/5070-6B 所述，航空港总体规划通常包括以下要素（FAA，2015，第 5-6 页）：

（1）前期规划——前期规划流程包括初步需求确定、招标和咨询方选择、研究设计开发、咨询方合同谈判和研究资金申请。

（2）公众参与——在与咨询方团队签订合同，并向其发送开工通知后，立即制订公众参与计划，并确定和记录各利益相关方的关键问题。

（3）环境考虑事项——在推荐开发计划各项目的推进过程中，都需要清楚地了解环境要求。

（4）现有条件——用于后续计划要素的相关数据清单。

（5）航空预测——对短期、中期和长期航空需求的预测。

（6）设施要求——评估现有航空港能否支撑预测需求，含空侧和陆侧。确定何种程度的需求才需要对设施进行扩建或改建，并估计为满足该需求而需要新建的设施的范围。

（7）开发和评估替代方案——确定能够满足预测设施要求的方案以及各主要组成部分的替代结构。按照广泛的评估标准，评估每个替代方案的预期绩效，包括其运营、环境和财务影响。在这个过程中，会产生推荐的开发替代方案，该方案将在后续任务中进一步完善。这一要素应有助于确定后续环境文件的目的和需求。

（8）航空港平面图——总体规划的关键产物包含一套图纸，它们以图形方式体现航空港的长期发展规划。其中，最主要的图纸是航空港平面图。当然，也可能包括其他图纸，具体取决于航空港的规模和复杂程度。

（9）设施执行计划——对建议采取的改造措施和相关成本进行概述。改造的时间安排在很大程度上取决于促成现有设施扩建所需达到的需求水平。

（10）财务可行性分析——确定航空港的财务计划，描述赞助商将如何向总体规划中推荐的项目出资，并证明项目的财务可行性。

最终总体规划通常包含技术报告、总结报告、一套航空港平面图以及公共信息手册或演示文稿。

佛罗里达州拥有卡纳维拉尔角航天港，它是美国最活跃的航天港之一，因此佛罗里达州的州法律包含有关航天港总体规划的具体规定。《佛罗里达州

法规》第 331 章第 360 节规定:

(3) 佛罗里达州太空局应制定航天港总体规划,用于在第 331.303 节规定的航天港区内进行太空运输设施扩建和现代化改造。这一规划应包含满足当前和未来商业、国家和州太空运输要求的推荐项目。佛罗里达州太空局应将该规划提交给相关都会规划组织,以进行多式联运影响审查。佛罗里达州太空局应向运输部提交航天港总体规划。根据下文第 (4) 小节的规定,该规划可纳入运输部的 5 年期航空航天自主扩容资格认定工作计划中。该规划应确定合适的筹资水平,并推荐合适的收入来源,以便能向州运输信托基金出资。

(4) 根据获得拨款的情况,对于具备资格的航天港自主扩容项目,运输部可在其资本成本方面参与出资。年度立法预算申请应根据航天港自主扩容获批项目所申请的拟用资金来确定。

根据《佛罗里达州法规》的要求,佛罗里达州太空局(及其前身)公布了《佛罗里达州太空局卡纳维拉尔角航天港总体规划 (2017)》。该文件有一系列不断演变的版本,最新版于 2017 年 1 月公布。我们发现,典型的航空港总体规划和卡纳维拉尔角航天港总体规划之间有两个本质区别。首先,航空港总体规划通常每 10～15 年更新一次。卡纳维拉尔角航天港总体规划则被称为"动态文件,需要对具体战略和目标进行持续调整和修改"。其次,航空港总体规划的技术性通常很强,包含与发展规划相关的详细财务可行性分析,而卡纳维拉尔角航天港总体规划则相当笼统,在规划"卡纳维拉尔角航天港战略愿景 2025"和相关目标时似乎还融入了一些战略规划要素。我们认为,这些差异反映了这两个行业在各自生命周期中所处的阶段:航空港是成熟的行业,而航天港仍处于起步阶段。

将战略规划要素纳入总体规划,这种做法似乎不止佛罗里达州太空局一家[9]。杰克逊维尔航空管理局是塞西尔航天港的所有者和经营商,于 2012 年 3 月发布塞西尔航天港总体规划。塞西尔航天港与杰克逊维尔航空管理局所拥有的塞西尔航空港同处一地,因此塞西尔航天港总体规划中包含了更多的典型航空港总体规划要素,如关于发展规划的融资和成本估算。然而,这一总体规划也包含与卡纳维拉尔角航天港总体规划类似的战略规划要素。

注释

①The U. S. Code of Federal Regulation 431 requires the registration of space objects.

②www. faa. gov/about/office_ org/headquarters_ offices/ast/

③Authority, Organisation and Operations Requirements for Aerodromes.

④Regardless of whether the European Commission (EC) adopts some form of EASA's proposal, the jurisdiction of the EU ends wherever it is that outer space begins or an activity is deemed to be a space activity and the State is responsible.

⑤Austrian Federal Law on the Authorisation of Space Activities and the Establishment of a National Space Registry (Austrian Outer Space Act, adopted by the National Council on December 6, 2011, entered into force on December 28, 2011) at §2.1., §3.

⑥The Law of the Republic of Kazakhstan on Space Activities defines cosmodromes as "a complex of technical facilities, devices, buildings, constructions and land plots that is intended to provide preparation and implementation of space objects launches".

⑦https://www. faa. gov/licenses_certificates/commercial_space_transportation/.

⑧Capristan (2016) presents a safety analysis tool, called the Range Safety Assessment Tool (RSAT), that quantifies the risks to people on the ground due to a space vehicle explosion or breakup.

⑨For airports in the U. S., master plan studies are eligible for federal funding through the airport improvement program (AIP), whereas costs associated with developing strategic plans are not eligible for government funding.

参考文献

[1] Capristan, F. M. (2016). Advances in Flight Safety Analysis for Commercial Space Transportation, a Dissertation Submitted to the Department of Aeronautics and Astronautics. Stanford, CA: Stanford University, March 2016.

[2] FAA. (1999). Advisory Circular 413 - 1, License Application Procedures, Federal Aviation Administration. Washington, DC: Office of Commercial Space Transportation.

[3] FAA. (2000). Advisory Circular 431. 35 - 1, Expected Casualty Calculations for Commercial Space Launch and Re - entry Missions. Washington, DC: Office of Commercial Space Transportation, August 2000.

[4] FAA. (2011). Flight Safety Analysis Handbook Version 1.0. Washington, DC: Office of Commercial Space, September 2011.

[5] FAA. (2015). Advisory Circular 150/5070-6B – Airport Master Plan, Federal Aviation Administration. Washington, DC: Office of Airport Planning & Programming.

[6] Howard, D. (2014). The Emergence of an Effective National and International Spaceport Regime of Law, Dissertation, Institute of Air and Space Law, McGill University, Montreal, Canada. Copyright by D. Howard.

[7] Mineiro, M. C. (2008). 'Law and Regulation Governing U.S. Commercial Spaceports: Licensing, Liability, and Legal Challenges,' Journal of Air Law and Commerce, Vol. 73, No. 4, pp. 759–805.

[8] Roberts, T. G. (2019). Spaceports of the World. Washington, DC: Center for Strategic & International Studies, March 2019.

[9] Schrögl, K.-U. (1999), 'Is the Legal Concept of "launching State" Still Adequate?' International Organisations and Space Law, Proceedings of the Third ECSL Colloquium, Perugia, Italy, 6–7 May 1999. Edited by R. A. Harris, pp. 327–329.

[10] Space Florida. (2017). Cape Canaveral Spaceport Master Plan. Exploration Park, FL, January 2017.

[11] Stewart, D. (2018), Airport Master Planning – Process & Update, Presented at ICAO Airport Planning Seminar for the SAM Region, Lima, Peru, 10–14 September 2018.

[12] United Nations. (1967). Treaty on Principles Governing the Activities of States in the Exploration and Use of Outer Space, Including the Moon and Other Celestial Bodies. New York: Committee on the Peaceful Uses of Outer Space.

[13] United Nations. (1972). Convention on International Liability for Damage Caused by Space Objects. New York: Outer Space Affairs Division of Department of Political and Security Council Affairs, United Nations.

[14] United Nations (1974). Convention on Registration of Objects Launched into Outer Space, New York.

[15] Vlasic, I. A. (1967). 'Space Treaty: A Preliminary Evaluation,' The California Law Review, Vol. 55, No. 2, pp. 507–519.

[16] Von der Dunk, F. G. (2011). The Origins of Authorisation: Article VI of the Outer Space Treaty and International Space Law, in National Space Legislation in Europe: Issues of Authorisation of Private Space Activities in the Light of Developments in European Space Cooperation. In ed. F. von der Dunk, Studies in Space Law, vol. 6, pp. 3 – 28. Leiden: Nijhoff, Chapter 1.

[17] Wall, M. (2014). 'NTSB Begins Investigation of Virgin Galactic Spaceship Crash,' Space, com, 1 November 2014. Available at: www. space. com/27631 – virgin – galactic – crash – investigation – begins. html (Accessed: 9 November 2019).

第8章 商业航天港的未来

纵然我们需要应对重重挑战，例如，飞机和运载火箭的空域整合、空中和太空交通管理、政治分歧、法规、基础设施需求、变化不定的商业模式和风险，等等，商业航天港也依然前景广阔。尽管这样的挑战不胜枚举，但我们也将获得丰厚的回报。

目前，商业太空运输的成本越来越低，途径也越来越多。通过开发可重复使用且更高效的运载火箭来降低太空发射成本的行动初见成效，太空探索技术公司和蓝色起源公司的火箭成功着陆和重复使用便是很好的例证。有几个民族国家也将可重用性视为下一个打破格局的创新。此外，对更多客户而言，小型卫星市场的专用运载火箭成本更低，正逐渐发展为一种可行途径，为商业、研究和教育创造了新的机遇。太空旅游曾被视为人类遥不可及的梦想，但现在正逐渐变为现实。通过月球前往火星的计划已经提上日程，世界各国都意识到一场新的太空竞赛正在上演。我们预计在未来数十年内，商业太空发射活动必然大幅增加，推动商业航天港发展。在这个背景下，我们将在本章探讨经济预测和国家工作，并确定未来航天港的规划发展和推动变革的新技术，然后讨论我们对商业航天港未来的愿景。

8.1　全球经济预测和太空活动

2017年，全球太空经济增长7.4%，总额达到3 835亿美元，包括私营企业收入和政府预算。商业航天领域的总收入达3 073.2亿美元，占全球太空经济活动的80.1%，而全球政府支出增加4.8%，总额达762亿美元。2016年，商业基础设施和配套产业总额为1 262.6亿美元，在全球太空活动总额中占据很大一部分比例。这包括太空基础设施资产开发、发射和运营所需的硬件和服务，以及地面设备和制造等（Space Foundation，2018）。

更重要的是，全球太空经济预计年复合增长率为5.6%，到2026年其价值将达到5 580亿美元。到2030年，太空经济价值预计将达8 050亿美元，其中太空旅游占30亿美元，每年高速太空穿梭占200亿美元（Sheetz，2019）。

就在美国将继续增加商业太空活动之时，欧洲和亚洲的主要参与者又将发挥怎样的作用呢？这主要涉及预算和活动两方面。法国和德国的太空支出增加了10%以上，但其他国家的预算有所下降（Space Foundation，2018）。与此同时，部分国家开始加大力度发展商业和政府太空活动的其他领域，例如2018年澳大利亚航天局的正式成立以及中东开展的其他活动。

尽管遭遇挫折，但美国商业航天业仍处于快速增长期。而俄罗斯航天业则一直饱受打击，经历了几次发射失败、质量控制问题和供应链管理挑战，导致年度发射次数减少。为了直面这些问题，俄罗斯对俄罗斯联邦航天局下属的国有企业和其他机构进行重组（United States Federal Aviation Administration，2018）。尽管俄罗斯面临着重重挑战，但显然美国和其他国家仍需继续依赖俄罗斯，从而可靠且安全地向国际空间站运输宇航员。他们的设计和技术能力历经考验，仍然经久不衰。

欧洲的阿丽亚娜航天公司继续利用"阿丽亚娜"5号、"联盟"号和"织女星"C号（Vega C）运载火箭提供稳定可靠的发射服务，日本的三菱重工业股份有限公司利用H–H–IIA/B运载火箭出售发射服务，印度空间研究组织通过极轨卫星运载火箭提供发射服务。2017年，为进行卫星部署，最畅销的运载火箭包括"阿丽亚娜"5号、"质子"–M（Proton–M）（由国际发射服务公司发射）和太空探索技术公司的"猎鹰"9号（United States Federal Aviation Administration，2018）。

目前，俄罗斯、中国、美国、欧洲、印度和日本的发射活动最多，但其他国家的发射活动也正在增加。自2010年以来，中国的轨道发射次数每年都在增加。此外，自2015年以来，中国一直在积极开发可行的新型运载火箭，并在中国南部的海南岛开发了新的航天发射场（United States Federal Aviation Administration，2018）。与此同时，以色列SpaceIL公司和以色列航空工业公司合作建造的"创世纪"号（Beresheet）航天器在尝试登陆月球时失败，但它是以色列的第一个私人资助航天器，在坠毁前距离月球表面不到490英尺。以色列的这次尝试几乎取得成功，这表明世界各国都在积极推进能力的构建，对商业太空的关注也不断提高。

印度逐渐发展为航天业的主导者，2019年"月船"二号（Chandrayaan–2）成功登月，并在月球南极收集数据。日本紧随其后，计划在2021年实现无人登月。因此，尽管时有成功、时有失败，但无论是由政府资助还是商业资助，全球太空活动都呈现出极大的增长和潜力。随着各国对太空的日益重视，不言而喻，和平利用太空乃重中之重，同时还要认识到，无论是现在还是未来，空间碎片都是需要解决的问题。

8.2 商业航天港：拟建和开发中的航天港

对于长期开展太空活动，特别是发射活动的国家来说，在20世纪六七十年代老化基础设施上建设的航天港已存在多年，需要进行现代化改造，以满足现在和未来发射服务提供商更复杂的新技术和能力。即使是20年前，着陆台仍然令人难以想象，但现在它正成为参与垂直着陆领域竞争的必需品。为了拓展经济来源，航空港正在分析航天业的潜在积极影响，研究其当前的基础设施和运营，并设想未来的航空航天港。新建的商业航天港已在美国启用并开始投入运营。虽然美国航天港属于第一批新建的私营航天港，但蓝色起源公司和太空探索技术公司现在也有自己的航天港。因此，在全球范围内，传统的航天港竞相实现现代化改造，航空港经过重建后逐渐升级为航空航天港，而一座座崭新的航天港也拔地而起，当下如此，未来亦然。

通过新闻，我们发现，处于不同提案阶段的商业航天港如雨后春笋般涌现出来，它们有的已经成为现实，而有的还处于梦想阶段，尚在构思之中。马来西亚和荷属安的列斯两个国家（地区）看到了商业航天港能够带来的即期效益，几年前就迈出了发展商业航天港的步伐。其他国家纷纷效仿：英国、加拿大、意大利和葡萄牙正处于不同的提案阶段，通过与政府、监管机构、地方机构和社区合作，将愿景变为现实。在迈向航天港的道路上，每个国家都怀有不同的愿景，牢记着本国的需求以及未来可能带来的回报。

表8.1列出了一系列拟建航天港，它们或处于设想阶段，或处于不同的开发阶段。显而易见，大多数拟建航天港都将用于水平起飞与着陆，并且许多都是在当前运营航空港（商业航空港和/或通用航空航空港）的基础上扩建而来。我们预计，美国乃至全世界仍将继续保持这一趋势。维珍银河公司推动了这一趋势的发展，在水平起飞与着陆以及太空旅游方面尤为如此，理查德·布兰森爵士签订了一个又一个协议，让他为这一领域所制定的一项项计划在不久的将来就会成为现实。点到点旅行包括亚轨道远地点，绕行距离不足地球轨道一整圈，这将激发太空旅行爱好者的热情，同时又能实现快速的环球旅行。虽然美国航天港可能是一座枢纽，但理查德·布兰森还在计划与阿联酋、英国、意大利和其他拥有能容纳可重复使用运载火箭和载机的航天港的民族国家，以及预期会有充分参与者需求的地方实现通航。此外，空客和其他公司正在寻找适合其水平起飞与着陆概念的基础设施，并与拟建航天

港现场代表进行合作，协助建设满足行业和需求的基础设施。

表 8.1 拟建或开发中的商业航天港（截至 2018 年）

国家/地区	航天港名称	活动类型	状态
加拿大	新斯科舍省坎索航天港	垂直起飞	拟建
荷属安的列斯	加勒比航天港	水平起降	开发中
意大利	格罗塔列航天港	水平起降	拟建
马来西亚	马来西亚航天港	水平起降/垂直起降	开发中
荷兰	史基浦航天港（位于阿姆斯特丹史基浦航空港）	水平起降	拟建
葡萄牙	尚未命名，亚速尔群岛	垂直起飞	拟建
阿联酋	艾因航空港/阿布扎比航天港	水平起降	拟建
英国	格拉斯哥普雷斯蒂克航空港	水平起降	拟建
英国	康沃尔航天港	水平起降	拟建
英国	萨瑟兰太空中心	垂直起飞	拟建
美国	马纳萨斯地区航空港（弗吉尼亚州）	水平起降	拟建
美国	太空海岸地区航天港（佛罗里达州）	水平起降	拟建
美国	夏威夷航天港（夏威夷）	垂直起飞	拟建
美国	罗斯福路航天港（波多黎各）	水平起降	拟建
美国	佐治亚州康登县	垂直起飞	拟建
美国	太空探索技术公司发射场（私营）	垂直起降	开发中

资料来源：空间基金会，2018；美国联邦航空管理局，2018。

世界各地均在筹建用于新航天港的垂直发射设施。加拿大、葡萄牙、英国和美国境内垂直发射可行的地区均纳入了考虑范围。就小型卫星发射基础设施而言，许多国家正努力填补这一方面可能存在的市场缺口。此外，我们预期私营公司将会筹建和开发更多的私营航天港。通过这些设施，可以开展对运载火箭的研发和试验，同时无须承受昂贵的政府设施使用费和使用公共资源时存在的其他种种限制。此外，火箭实验室等公司在美国境外建设了新的发射场。我们预计这是另一个趋势，原因是私营公司希望在本国以外的地方节省成本和简化运营。

8.3 技术是持续驱动力

如本书前几章所述，运载火箭、推进剂和有效载荷都是航天港需求的驱动因素，而技术又是支撑这三个要素的基础。技术仍将是航天港发展、需求和能力的主要推动力。这一动力源于日新月异的顶尖创新活动，以及降低发射成本的需求。

许多航天业参与者逐渐认识到，需要对常用推进剂的相关设计实行统一的标准。例如，运载火箭开发商发现，更普通的推进剂就能"完成任务"。在过去的 50 年里，许多普通推进剂一直都是火箭发射的重要基础，比如 RP-1 煤油。这些推进剂在航天港更易获得，在航空港也很常见（RP-1 煤油类似于商品 Jet A 燃油）。随着越来越多的普通推进剂投入使用，新型空间飞行器的发射将迅速成为常态。

由于大家普遍意识到需选用持续性更强的推进剂，因此普通推进剂的推广受到了阻碍。如前所述，对绿色燃料的进一步研发正在取得进展，特别是在卫星方面。AF-M315E 是波尔航空航天公司正在开发的硝酸羟胺推进剂混合物，用于替代肼（Button，2017）。瑞典正在开发绿色推进剂二硝酰胺铵，人们认为它的危险程度高于 AF-M315E，但造价低于肼（Whitmore 和 Bulcher，2017）。随着这些系统日益普及，航天港的卫星推进剂储存需求也将发生变化。最后，在推进技术的进步方面，核动力航天器的发展水平和数量将继续增长。对处理要求和对航天港的其他影响需要进行研究。

其他技术进步领域包括增材制造技术（3D 打印）。太空爱好者认识到，要想在月球和其他目的地建设栖息地和其他基础设施，3D 打印至关重要。人们注意到，利用在太空中进行 3D 打印的能力，可以减少货物数量，从而减少火箭必须发射和携带的附加重量。此外，NASA 和维珍轨道公司等多家企业正在对利用 3D 打印技术制造的燃烧室等各种火箭部件进行试验（Rowe，2019）。3D 打印对航天港可能也大有裨益，在供应品短缺时，可以实现在短时间内更换非关键元件。增材制造技术的用途广泛，也许该技术目前尚未得以充分利用。但正如上文所述，我们相信，在未来的航天港中，直接也好间接也好，它终将发挥自己的作用。

电信方面，在新型通信卫星星座的支持下，我们即将迎来 5G 无线通信时代。无论是从航天港发射这些卫星，还是航天港的地面无线通信，5G 和未来几代的无线通信都将对航天港产生影响。利用增强现实（AR）或虚拟现实

（VR）进行通信可能会成为现实。此外，航天港也可能使用虚拟现实或增强现实，对宇航员、旅客和参与者进行培训。因此，未来的航天港需要利用合适的设施、基础设施和活动，为这类培训提供支持。

8.4 未来的航天港

对政府和商业航天港的需求将继续增长。按照 NASA 的设想，未来完全整合的多用户航天港如图 8.1 所示。这一航天港可能需要容纳政府、军事和民用活动；垂直和水平活动；以其他行星、小行星和月球为目的地的处理、整合和发射活动，以及地球目的地的点到点旅行；返回/着陆台；航空港基础设施，以及搭载各种飞机、航天器、运载火箭、有效载荷和货物的空中旅行和太空旅行。

图 8.1　NASA 设想的未来航天港

资料来源：NASA，2011

许多一流的航空航天港都预见到要设置航站楼和登机口，旅客和参与者通过它们登上飞机或将要发射到太空的航天器。显然，对航空航天商业模式的选择在很大程度上取决于本书所谈到的挑战、问题和事项，但可能呈现出类似于当今航空港的综合基调。在这些航空港中，空间飞行器的类型和尺寸都将发挥重要作用。

航天港并非在真空中运行，而是处于一个复杂的生态系统下。它是更广阔的多层面网络的一部分，需要所有相关方之间的协调与合作。此外，如前所述，越来越多的航空港正将太空视为扩大业务范围和推动经济发展的新动能。最终，航天港将开始建在其他行星和天体上。许多国家都在集中精力实施登月计划，而在地球以外建立航天港的愿景也开始逐渐成形。

在本书的前面部分，我们介绍了航天港的基础设施和活动（见第4章），并定义了航空航天港的主要组成部分（图8.2）。综合性航空航天港需要支持所示的各种要素，但正如现在的航空港一样，许多可变因素也被纳入考虑范围，包括需要选择哪种飞机、运载火箭、有效载荷以及处理/整合设施等，从而决定所需的基础设施组成部分。"普遍适用"的商业航空航天港可能并不存在，这在过去、现在和未来规划的航天港中已是显而易见的事实。

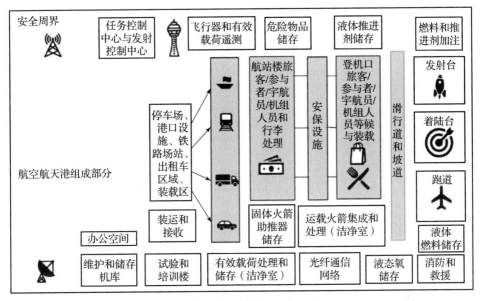

图8.2 航空航天港的主要组成部分

纵观本书，我们探讨了影响航天港的各种因素，但这些因素在图8.2中并不突出，例如：

- 对空中交通管制和将商业太空融入国家空域的影响；
- 航天港和发射活动的立法和许可；
- 影响航天港基础设施的发射概念和飞行器、有效载荷和推进系统的部分独特特性和要求；
- 对航空公司、航空港、当地社区、环境和其他利益相关者的经济影响以及其他挑战和问题；
- 我们的经营方式在商业模式、合作伙伴关系和投资方面的改变。

在航天港，风险这一要素贯穿始终，包括：国际、国家、地区、地方、商业、财务、环境和个人风险。

此外，无论出现在哪些方面，商业航空业的成长之痛都真实可触：

- 民族国家之间在商业参与和《外层空间条约》方面的分歧，以及民族国家之间非同寻常的合作和竞争；
- 根据需要而不断变更的联邦法规、条约、条例、政策、计划和程序，以促进商业发展，同时维护诚信、外交政策利益、国家安全、公共健康和安全，以及财产安全；
- 领域和行业关注的问题，包括太空界以及地球和太空的其他利益相关者（包括航空领域）关注的问题；
- 平衡政府太空预算与国家的当前需求；
- 太空劳动力——何时何地需要何种人才；
- 太空活动对地球和太空的环境影响，特别是当空间物体和空间碎片越来越多时；
- 空中交通管理和太空交通管理——国内和国际协议；
- 以安全有效运行为目标的空天一体化；
- 在实施监管前的技术创新；
- 在国家和国际范围内的新法规考虑，如对飞行器、机组人员和航天港等的认证，新的空域规则；
- 政府组织结构——由什么机构来控制、对太空的哪个方面进行控制；
- 军方介入太空及其对商业领域的影响。

在这本书里，我们通过案例研究、文献综述和数据库研究分析向读者介绍了一系列主题，通过几位作者的个人经历、专业知识和对主题的深入讨论，拓宽和丰富了相关内容。我们以美国为基本示例，对商业航天港和利益相关者面临的利益、挑战和问题进行了深入分析，并就其在国际社会的应用进行了拓展。

《外层空间条约》激昂而简洁地指出，太空属于每个人。各个国家和整个航天领域所面临的任务都无比艰巨，如果没有可行的航天港来提供支持，人人都将寸步难行。尽管挑战重重，未来依然充满希望，因为《通往太空的跑道——航天港产业导论》将助我们一路腾飞。

参考文献

[1] Button, K. (2017). 'Green propellant.' Aerospace America. Available at: https://aerospaceamerica.aiaa.org/features/green-propellant/(Accessed: 2 August 2018).

[2] Rowe, J. (2019). NASA and Virgin Orbit 3D Print, Test Rocket Combustion Chamber. Available at: www.nasa.gov/centers/marshall/news/news/releases/2019/nasa-and-virgin-orbit-3d-print-test-rocket-combustion-chamber.html(Accessed: 31 October 2019).

[3] Sheetz, M. (2019). 'Super Fast Travel Using Outer Space could be \$20 billion Market, Disrupting Airlines, UBS Predicts,' CNBC. Available at: www.cnbc.com/2019/03/18/ubs-space-travel-and-space-tourism-a-23-billion-business-in-a-decade.html(Accessed: 26 May 2019).

[4] Space Foundation. (2018). The Space Report: The Authoritative Guide to Global Space Activity. Washington, DC: The Space Foundation.

[5] United States Federal Aviation Administration. (2018). The Annual Compendium of Commercial Space Transportation: 2018. Publication Produced for FAA Office of Commercial Space Transportation (AST) by Bryce Space and Technology, January 2018.

[6] Whitmore, S. A. and Bulcher, A. M. (2017). 'Vacuum Test of a Novel Green-Propellant Thruster for Small Spacecraft,' In: 53rd AIAA/SAE/ASEE Joint Propulsion Conference. 53rd AIAA/SAE/ASEE Joint Propulsion Conference, Atlanta, GA: American Institute of Aeronautics and Astronautics, doi: 10.2514/6.2017-5044.